Stefan Bargstedt

Platt!

Wo und wie Plattdeutsch ist

Carl Schünemann Verlag Bremen

Impressum

Infall, schreven un formgeven / Konzept, Text und Gestaltung:
Stefan Bargstedt
Poppeer / Papier:
Fly Design Papier, Weiß, 130g/qm
Schreven in / Schriften:
DTL Documenta, Blender
Print hett dat / Druck:
Grafisches Centrum Cuno GmbH & Co. KG, Calbe

© by Carl Ed. Schünemann KG, Bremen
www.schuenemann-verlag.de

Maakt in Düütschland / Printed in Germany 2008

ISBN 978-3-7961-1907-1

Die Texte in Niederdeutsch sind gemäß dem Regelwerk von
Johannes Sass vereinheitlicht worden.
Ausnahmen sind als solche gekennzeichnet.

Mien leeve Fru.
Dit Book is dien.
Du ganz alleen
hest all sien Bläder
wassen sehn.

Einleitung

Sprachgeografie:

Die Sprachen dieser Welt

er Zunge

e Sprachen

Geschichte, Politik, Kultur

Platt lernen

Sprachwandel

Anhang

Einleitung
Die Sprachen dieser Welt

Heimat auf der Zunge

e Sprachen
Geschichte, Politik, Kultur
Platt lernen
Sprachwandel
Anhang

Einleitung

Die Sprachen dieser Welt

Heimat auf der Zunge

Sprachsoziologie:

Jeder hat viele Sprachen

Politik, Kultur

Anhang

Einleitung
Die Sprachen dieser Welt
Heimat auf der Zunge
Jeder hat viele Sprachen

Sprachgeschichte:
Geschichte, Politik, Kultur

Einleitung
Die Sprachen dieser Welt
Heimat auf der Zunge
Jeder hat viele Sprachen
Geschichte, Politik, Kultur

Spracherwerb:

Platt lernen

Einleitung
Die Sprachen dieser Welt
Heimat auf der Zunge
Jeder hat viele Sprachen
Geschichte, Politik, Kultur
Platt lernen

Sprachentwicklung:

Sprachwandel

Einleitung
Die Sprachen dieser Welt
Heimat auf der Zunge
Jeder hat viele Sprachen
Geschichte, Politik, Kultur
Platt lernen
Sprachwandel
Anhang

Einleitung

Dat ward 'n Büdelrüüsch.

Im Spätsommer 2005 reiste ich für zwei Monate an den Bosporus. Istanbul trennt und verbindet Welten, sagt man. Dieses Zusammentreffen und der Austausch von Kulturen faszinierten mich. Viele türkische Immigranten kamen nach Deutschland und brachten ihre Kultur mit. Warum sollte ich also nicht einmal in die Türkei gehen, dachte ich mir. _____ Ich wohnte in einer türkischen Wohngemeinschaft auf der anatolischen Seite der Stadt, in Kadıköy. Von meinem Zimmer aus hörte ich die Rufe des Muezzins, ich machte lange Spaziergänge am Strand von Moda, und wenn Fenerbahçe spielte, war die Hölle los. Jeden Tag fuhr ich mit der Fähre über den Bosporus, um in einer Sprachschule im europäischen Stadtteil Taksim Türkisch zu lernen. Als ich nun eines Abends auf dem Heimweg war, kam ich auf der Überfahrt mit einem jungen Türken ins Gespräch. Sein Name war Emre, und er konnte etwas Deutsch. Noch besser konnte er Niederländisch, denn er hatte holländische Kollegen. Wir unterhielten uns bei einem Glas Tee in der Kantine der vom Feierabendverkehr überfüllten Fähre. Dabei kamen wir auf Niederdeutsch zu sprechen, die Sprache meiner Großeltern. Wir radebrechten einige Sätze und hatten viel Spaß dabei. Er war begeistert und meinte, dass er die Sprache sehr möge und gern Plattdeutsch lernen wolle. Als ich in Kadıköy aussteigen musste, verabschiedeten wir uns. Da sprach mich im Gedränge ein stämmiger, älterer Herr mit Schnauzbart an. Er hatte ganz in der Nähe gesessen und unsere Unterhaltung mitbekommen. »Moin, ik hebb in Hamborg wohnt, as 'n Gastarbeiter.« Istanbul verbindet Welten. _____ Emre sah ich leider nie wieder, aber diese Begegnung wirkte lange nach. Zurück in Bremen wurde mir im Nachhinein allmählich klar, was mich in Istanbul am meisten beschäftigt hatte: Es war die Entdeckung des Eigenen. Ich lernte gerade Türkisch und versuchte, mich auf diese unglaubliche Stadt einzustellen. Dabei habe ich wohl nichts weniger erwartet, als die Begegnung mit der niederdeutschen Sprache. Sie losgelöst von der gewohnten Umgebung zu hören und zu sprechen, stellte für mich einen absurden Kontrast dar. Im Kontakt mit dieser fremden Kultur lernte ich etwas über meine eigene, ja, ich nahm sie erst richtig wahr. Denn mit Niederdeutsch verbinde ich »zu Hause«. Und nun machte ich einen Ausflug in die Ferne – und landete bei Niederdeutsch. _____ Vorweg: Es wäre zu kurz gegriffen, wenn ich sagen würde, dass mich »Plattdeutsch« interessiert. Es reizt mich, mich mit dieser Sprache zu beschäftigen, weil sich für mich an ihr eine ganze Reihe von Fragen kristallisiert. *Sprechen eigentlich alle unsere Großeltern noch einen »Dialekt« oder eine regionale Sprache? Warum spreche ich nicht Plattdeutsch? Stirbt Plattdeutsch aus? Was bleibt zurück, wenn Sprachen »aussterben«? Gibt es immer weniger Sprachen auf der Welt? Sprechen irgendwann alle Menschen ein und dieselbe Sprache? Wie kommunizieren Menschen verschiedener Kulturen miteinander? …* Die Liste ließe sich fortsetzen. Dabei haben diese und ähnliche Fragen nicht speziell mit dem Niederdeutschen zu tun. Man kann sie verallgemeinern. Jeder hat eine Sprache – oder eine Mundart –, an der er dies alles festmachen kann. Niederdeutsch ist eben *die* Sprache, zu der ich einen besonderen Bezug habe. _____ Die Kette an Fragen macht schnell klar, dass sich bei der Auseinandersetzung mit dem Thema Sprache ein weites Feld auftut: Identität, Heimat, Integration, Kommunikation, Vielfalt, Kultur, Politik, Globalisierung, »Virtual Reality«, das Eigene und das Fremde usw. An Sprache lassen sich grundsätzliche Aspekte unserer Gesellschaft ablesen, denn ihr kommt im Leben des Menschen eine zentrale Rolle zu. Wenn ich mich für Niederdeutsch interessiere, interessiere ich mich nicht zuletzt für die komplexen Zusammenhänge, in denen Sprache betrachtet werden muss.

Auf der Welt gibt es heute ungefähr 6000 Sprachen, die regional sehr ungleich verteilt sind. In Indonesien und Neuguinea gibt es allein ca. 1300 Sprachen (Dossier Sprache 2004, 98), wohingegen Europa mit 143 relativ spracharm ist (Haarmann 2003, 15). Und während 15 Prozent der Menschheit Mandarin-Chinesisch als Erstsprache sprechen (800 Mio. Menschen), hat die Hälfte aller Sprachen weniger als 100 000 Sprecher und ist darum akut vom Aussterben bedroht (Matissen 2001). Die meisten Menschen sprechen neben der jeweils gängigen Verkehrssprache eine Regional- oder Minderheitensprache, die »in wirtschaftlicher und politischer Hinsicht so gut wie bedeutungslos« (Comrie 2003, 27) ist. Mehr als 98 Prozent der 6000 Sprachen sind Regional- oder Minderheitensprachen (Matissen 2001). Eine davon ist Niederdeutsch.＿＿＿＿Ich bin in einem Dorf in Norddeutschland aufgewachsen. Plattdeutsch, wie es im Volksmund heißt, ist die Sprache meiner Großeltern, und meine Eltern können es noch. Wenn mein Vater mit dem älteren Nachbarn abends bei Bier und »Köm« (Schnaps) hinterm Gewächshaus zusammensaß, sprachen sie Platt. Ich habe es nicht als »Muttersprache« kennengelernt, denn mit meiner Schwester und mir sprachen unsere Eltern Hochdeutsch. Eigentlich – denn wenn meine Mutter uns Kinder ins Bett brachte, verabschiedete sie sich immer mit »Slaap goot«, und meine Großeltern sprachen miteinander nur Platt. Dass das eine andere Sprache war, die nicht jeder versteht, der Deutsch kann, wurde mir erst im Laufe der Zeit bewusst. Ich sprach nicht Platt, aber ich verstand alles. Brötchen konnten nun mal auch Rundstück oder Heetweck heißen. Obwohl ich eigentlich mit Hochdeutsch aufgewachsen bin, gehörte diese andere Sprache immer auch dazu. Es gibt z.B. in meinem Wortschatz viele niederdeutsche Begriffe, und auch mein Satzbau, meine Grammatik und meine Aussprache sind nicht ganz frei davon.＿＿＿＿Meine Situation kann man verallgemeinern. Die meisten

Norddeutschen sprechen ein Hochdeutsch, das mehr oder weniger stark vom Niederdeutschen beeinflusst ist. Den Sprechern ist dies jedoch selten bewusst, weil man das Eigene, das »Normale«, selten wahrnimmt – und weil Niederdeutsch selbst im Alltag an Präsenz und Bedeutung verloren hat. Die jüngere Generation versteht heute teilweise noch Niederdeutsch, kann es aber nicht mehr sprechen. Die natürliche Weitergabe von einer Generation zur nächsten reißt langsam aber sicher ab. Deshalb ist Niederdeutsch eine potenziell bedrohte Sprache (UNESCO), auch wenn sie heute noch schätzungsweise 8 Mio. Sprachnutzer (Möller 2006) hat. Es ist eine alte Sprache, die man zunehmend mit alten Menschen verbindet, die über alte Zeiten reden._____Aber es ist eben nicht *nur* die Sprache von Seemännern, Bauern und Großeltern, sondern auch die ihrer Enkel. Selbst wenn die eigentlich Hochdeutsch sprechen, können sie ihr Erbe oft nicht leugnen. Man hört ihnen an, woher sie kommen. Es ist eben die Sprache ihrer »Heimat«. So problematisch dieser Begriff auch sein mag: Kulturelle Wurzeln sind nun einmal Teil eines jeden Menschen.

Die regionale Sprache dient der alltäglichen Kommunikation und ist prägend für die Sprachkompetenz. Man trägt seine Heimat geradezu auf der Zunge. Die Sprache ist Teil jedes Einzelnen, und sie verortet den Einzelnen für sich selbst und für andere. Sie bietet dadurch eine Orientierung, die gerade in einer mobilen, flexiblen neoliberalen Welt an Bedeutung für den Einzelnen gewinnt (Türcke 2006)._____Andererseits ist sie – zusätzlich zur jeweiligen Standardsprache – der Grundstein für interkulturelle Kompetenz und Mehrsprachigkeit. Wer von klein auf mit zwei Sprachen lebt, hat einen leichteren Zugang zu weiteren Sprachen und Kulturen. Wenn man z.B. hoch- und niederdeutschsprachig aufgewachsen ist, lernt man das nah verwandte Englisch oder Niederländisch geradezu spielend. Mehrsprachigkeit hat einen (Mehr-)Wert, und der ist der Europäischen Union so wichtig, dass sie hierfür einen eigenen Kommissar berufen hat. Einerseits sind die europäischen Regionen mehrsprachig, weil mehrere Sprachen dort gesprochen werden, andererseits soll jeder einzelne europäische Bürger auch mindestens drei Sprachen fließend beherrschen: die regionale Muttersprache plus zwei weitere europäische Sprachen. Dies sei unumgänglich in einem zusammenwachsenden Europa, um die neuen kulturellen, gesellschaftlichen und wirtschaftlichen Herausforderungen anzugehen (EU-Rat 2002). In diesem Sinne ist eine regionale Mehrsprachigkeit in vielerlei Hinsicht ein Gewinn. Nicht zuletzt, weil sich dadurch die Vitalität der jeweiligen Sprachen gegenseitig befruchtet. Sprachen verändern sich ständig, denn sie passen sich den sich ändernden Bedürfnissen ihrer Sprecher an. Die Mehrsprachigkeit hat in dieser Hinsicht eine Brückenfunktion, weil hier der Kontakt der Sprachen deren Entwicklung inspiriert. Und je mehr Sprachen aufeinander einwirken, desto mehr kulturelle wie sprachliche Substanz steht für die Weiterentwicklung der Sprachen zur Verfügung. Vielfalt ist also wichtig und die schaffen gerade die kleinen Regional- oder Minderheitensprachen (EU-Rat 1992), wie z. B. Niederdeutsch. Ich trage da also – wie die meisten Norddeutschen – ein ungenutztes kulturelles Potenzial mit mir herum.

»Platt!« heißt dieses Buch. Ganz platt »Platt!«. Und in diesem Buch steht, warum »Platt!« »Platt!« heißt, aber nicht platt ist. Es will einen Anreiz schaffen, sich mit Niederdeutsch zu beschäftigen. Wer dieses Buch zur Hand nimmt, soll erfahren, dass Platt eine eigene Sprache ist – mit eigener Geschichte und Kultur, mit Dialekten usw. Dabei erhebt dieses Buch entschieden den Anspruch auf Unvollständigkeit. Es will neugierig machen und richtet sich an alle, die in Norddeutschland leben (oder sich für Platt interessieren) – gleich welcher Herkunft. Denn eine regionale Sprache wie Plattdeutsch hat keine »ethnische« Exklusivität. Sie steht im Dienste der Menschen, die in ihrem Sprachraum leben._____Dieses Buch soll aufzeigen, wie und wo Niederdeutsch ist. Die Wegstrecke, die es zurückgelegt hat, wird skizziert und die gegenwärtige Situation umrissen, um die Fantasie anzuregen, wie es zukünftig weitergehen könnte. Die Texte stehen nicht zweisprachig nebeneinander. Sie sind mehrheitlich auf Hochdeutsch geschrieben, denn sie richten sich an interessierte Hochdeutsch-Sprecher. Die auf Niederdeutsch geschriebenen Texte und Passagen, wie z. B. die Kochrezepte, sollen neugierig machen. Bei Platt gibt es was zu holen. Wer die Speisen zubereiten will, muss eben Platt lernen._____Viele Menschen in Norddeutschland verstehen ja noch Platt, ohne es zu sprechen (INS 2008). Aber jeder, der eine Sprache versteht, kann diese Sprache auch ohne größeren Aufwand sprechen. Wie leicht das geht, konnte ich in den letzten Wochen selbst erfahren. Nicht dass ich denke, dass alle Norddeutschen auf einmal wieder Platt snacken sollten. Es geht mir auch nicht um die Brauchtumspflege, um die Bewahrung der Sprache Niederdeutsch um ihrer selbst willen. Ich bin neugierig darauf, was man mit dieser Sprache noch alles anfangen kann. Dieses Buch will dazu anstiften, das herauszufinden.

Fundstücke, die auf die Existenz einer fremden Sprache
hinweisen – ganz in unserer Nähe ...

REEPERBAHN
EINGANG PEPERMÖLENBEK

U-Bahnhof-Eingang_Hamburg

Achtern Höben

Straßenname_Bremen

Isern Hinnerk

Schiffsname_Steinkirchen, Altes Land

buten
un binnen

Nachrichtensendung von Radio Bremen

Hal över
SCHREIBER
REEDEREI

Fähr-Betreiber_Bremen

Die Sprachen dieser Welt

Achtern Barg
wohnt ok Lüüd.

»Nu harrn all de Minschen up de Eer een Spraak un brukten ok all de sülvigen Wöör. As se nu na Osten wannern deen, do funnen se in dat Land Sinear en Stück Sietland un setten sik dar fast. Un se seen to enanner: ›Los! Nu laat uns Tegelsteen striken un Muursteen brennen!‹ Sodennig harrn se Tegelsteen as Muursteen un Teer as Leem. Un se seen wider: ›Los! Wi wüllt en Stadt buun un enen Torm, de mit de Spitz bit na den Heven reckt! Denn hebbt wi uns en Denkmaal sett un blievt tosamen un loopt nicht ut'n een över de ganze Eer.‹ _____ Aver nu keem Gott hendal un wull sik de Stadt un den Torm mal anseen, den de Minschen sik buut harrn. Un Gott see: ›Nu kiek mal an! Een Volk sünd se, un se hebbt ok all de sülvige Spraak! Aver dat is man de Anfang vun dat, wat se vörhebbt. Dar blivt dat nich bi. Dat duurt nich meer lang, denn sett se allens dörch, wat se sick in den Kopp sett hebbt. Goot! Laat eer! Aver denn wüllt wi wat anners doon. Denn föört wi nu hendal un bringt eer Spraak so in de Tiß, dat een den annern överhaupt nich meer versteit.‹ Un so dreev Gott eer vun dar würlich över de ganze Eer ut'n een, un se müssen allens liggen laten, un ut de Stadt wörr nix. _____ Darum nöömt se de Stadt Babel; denn dar hett Gott ja de Spraak vun all de Minschen in Tiß bröcht un vun dar ok eer all ut'n een dreven över de ganze Eer.« 1. Mose 11,1–9 (Jessen 1933)

Indo-Europäische Sprachen		11 ▼ Kaukasische Sprachen
1 ▼ Albanisch		12 ▼ Khoisan-Sprachen
2 ▼ Armenisch		13 ▼ Niger-Kongo-Sprachen
3 ▼ Baltische Sprachen		14 ▼ Nilo-saharanische Sprachen
4 ▼ Germanische Sprachen		15 ▼ Paläosibirische Sprachen
5 ▼ Griechisch		16 ▼ Papua-Sprachen
6 ▼ Indische Sprachen		17 ▼ Tai-Kadei-Sprachen
7 ▼ Iranische Sprachen		18 ▼ Uralische Sprachen
8 ▼ Keltische Sprachen		Sino-Tibetische Sprachen
9 ▼ Romanische Sprachen		19 ▼ Chinesische Sprachen
10 ▼ Slawische Sprachen		20 ▼ Tibeto-Birmanische Sprachen

Es gibt heute etwa 6000 natürliche Sprachen auf der Welt. Sie werden zu Sprachfamilien zusammengefasst.

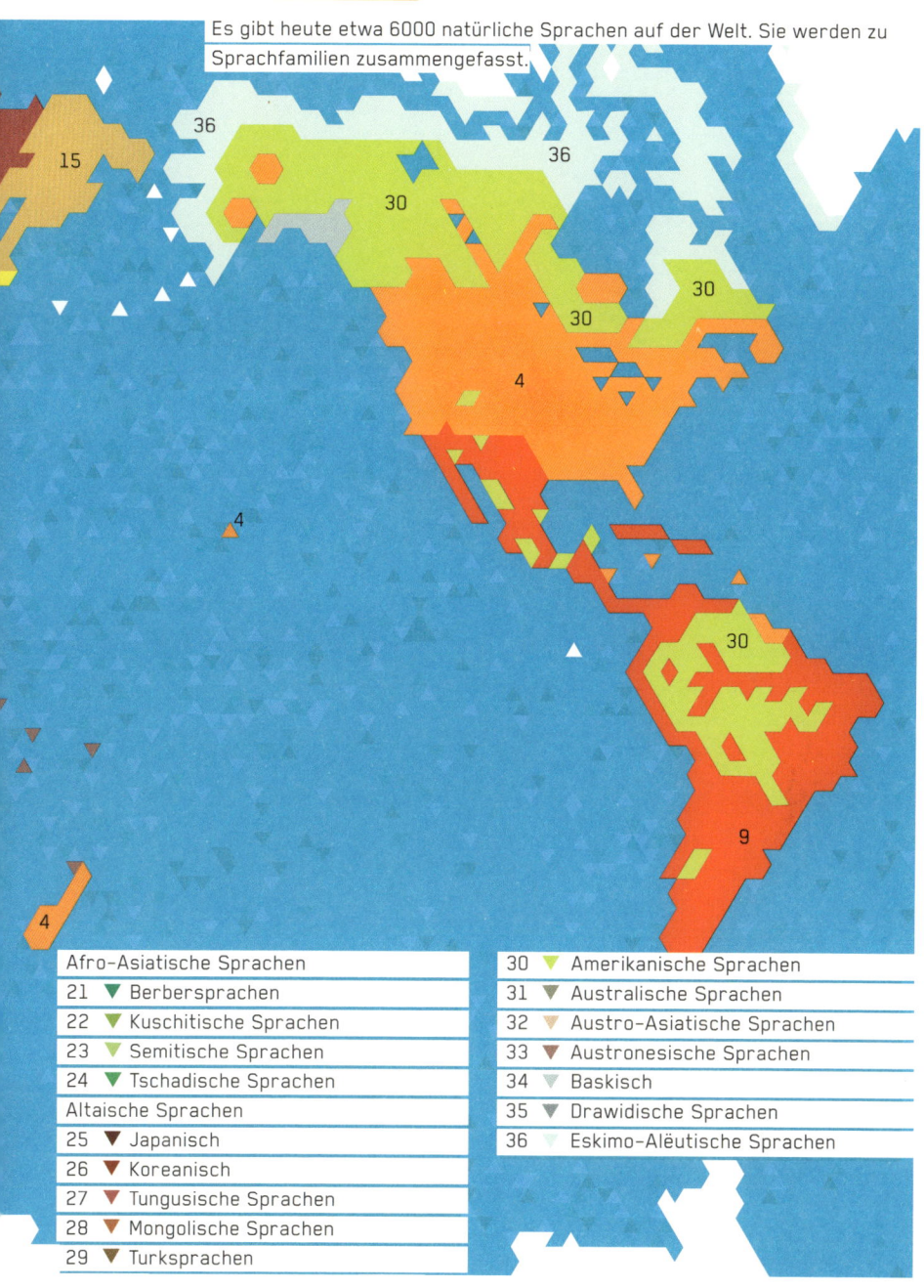

Afro-Asiatische Sprachen		30 ▽ Amerikanische Sprachen
21 ▽	Berbersprachen	31 ▽ Australische Sprachen
22 ▽	Kuschitische Sprachen	32 ▽ Austro-Asiatische Sprachen
23 ▽	Semitische Sprachen	33 ▽ Austronesische Sprachen
24 ▽	Tschadische Sprachen	34 ▽ Baskisch
Altaische Sprachen		35 ▽ Drawidische Sprachen
25 ▽	Japanisch	36 ▽ Eskimo-Alëutische Sprachen
26 ▽	Koreanisch	
27 ▽	Tungusische Sprachen	
28 ▽	Mongolische Sprachen	
29 ▽	Turksprachen	

Germanische Sprachen

1	▼	Dänisch
2	▼	Deutsch
3	▼	Englisch
4	▼	Färingisch
5	▼	Friesisch
6	▼	Niederländisch
7	▼	Isländisch
8	▼	Letzeburgisch
9	▼	Niederdeutsch
10	▼	Norwegisch
11	▼	Schwedisch

Keltische Sprachen

12	▼	Bretonisch
13	▼	Cornisch
14	▼	Irisch
15	▼	Schottisch-Gälisch
16	▼	Walisisch

Romanische Sprachen

17	▼	Französisch
18	▼	Galizisch
19	▼	Italienisch
20	▼	Katalanisch
21	▼	Okzitanisch
22	▼	Portugiesisch
23	▼	Rätoromanisch
24	▼	Rumänisch
25	▼	Sardisch
26	▼	Spanisch

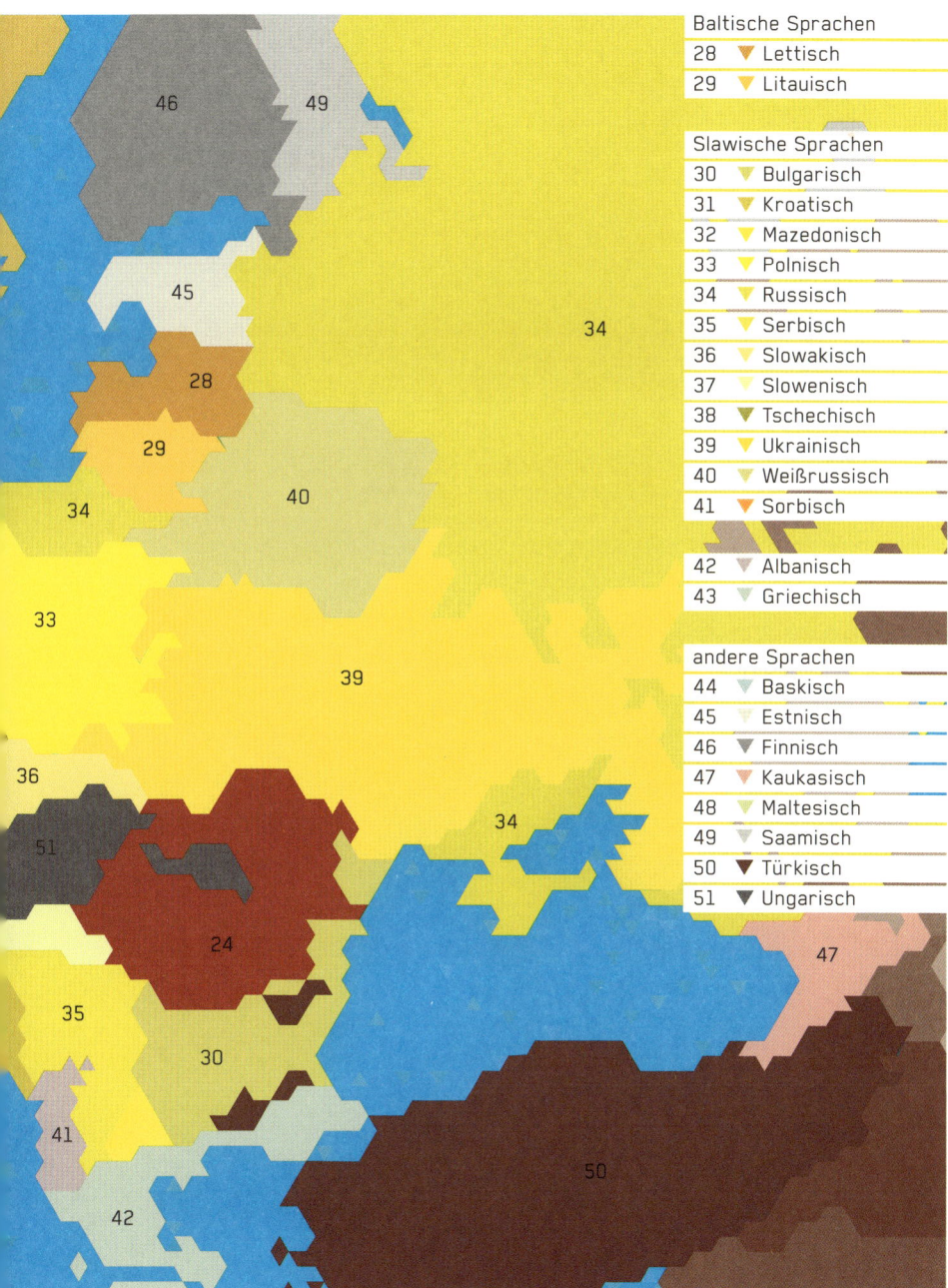

Baltische Sprachen

28 ▼ Lettisch
29 ▼ Litauisch

Slawische Sprachen

30 ▼ Bulgarisch
31 ▼ Kroatisch
32 ▼ Mazedonisch
33 ▼ Polnisch
34 ▼ Russisch
35 ▼ Serbisch
36 ▼ Slowakisch
37 ▼ Slowenisch
38 ▼ Tschechisch
39 ▼ Ukrainisch
40 ▼ Weißrussisch
41 ▼ Sorbisch

42 ▼ Albanisch
43 ▼ Griechisch

andere Sprachen

44 ▼ Baskisch
45 ▼ Estnisch
46 ▼ Finnisch
47 ▼ Kaukasisch
48 ▼ Maltesisch
49 ▼ Saamisch
50 ▼ Türkisch
51 ▼ Ungarisch

In Europa gehören die meisten Sprachen
zur indo-europäischen Sprachfamilie.
Das bedeutet, dass viele Sprachen von
Indien bis Island wahrscheinlich
einen gemeinsamen Vorfahren haben.

Indo-europäische Ursprache

Albanisch

*Tocharisch

Ukrainisch

Altrussisch

Weißrussisch

Großrussisch

Slowenisch

Kroatisch

Urslawisch

Kirchenslawisch

Serbisch

Bulgarisch

Bosnisch

Makedonisch

Tschechisch

Altpolnisch

Slowakisch

Polnisch

Baltisch

Litauisch

Lettisch

Althochdeutsch

Jiddisch

Hochdeutsch

Altniederfränkisch

Flämisch

Niederländisch

Altsächsisch

Niederdeutsch

Anglofriesisch

Friesisch

Germanisch

Englisch

Gotisch

Isländisch

Färingisch

Altnordisch

Norwegisch

Schwedisch

Gallisch

Dänisch

Altirisch

Irisch

Gälisch

Manx

Kymrisch

Kornisch

Bretonisch

Urkeltisch

Britannisch

Altwalisisch

Portugiesisch

Altbritisch

Spanisch

Iberoromanisch

Katalanisch

Galizisch

Galloromanisch

Provenzalisch/Okzit.

Venetisch

Französisch

Faliskisch

Friaulisch

Uritalisch

Latein

Rätoromanisch

Ladinisch

Oskisch

Rumantsch

Umbrisch

Sardisch

Italienisch

Altgriechisch

Indo-Irano-Armenisch

Dakorumänisch

Rumänisch

Moldawisch

Isländisch

Färingisch

Norwegisch

Dänisch

Englisch

Friesisch

Niederdeutsch

Niederländisch

Flämisch

(Hoch-)Deutsch

Dänisch

Schwedisch

Norwegisch

Färingisch

Isländisch

Englisch

Friesisch

Anglofriesisch

Niederdeutsch

Niederländisch

Nordgermanisch

Altnordisch

Westgermanisch

Altsächsisch

Flämisch

Ostg.

Gotisch †

Altniederfränkisch

(Hoch-)Deutsch

Jiddisch

Althochdeutsch

Germanisch

Als Germanen bezeichnet man Stämme und Völker, die seit dem 2. Jahrtausend v. Chr. im südlichen Skandinavien bis hin zur Unterelbe lebten und die sich von den benachbarten Slawen und Kelten in Sprache, Kultur und Religion unterschieden. Die Sprache der germanischen Stämme hat sich etwa 500 v. Chr. durch gravierenden Lautwandel und Formänderung von den anderen Sprachen der indo-europäischen Sprachenfamilie entfernt.

Im Rahmen der ersten, der sogenannten »germanischen Lautverschiebung«, gingen die Germanen zur Betonung der ersten Wortsilbe über, und es entwickelten sich einige neue Reibelaute.

indo-europäisch		germanisch
lat. *pisces*	→	dt. *Fisch*
lat. *pater*		germ. **fader*
lat. *frater*	→	germ. **broþer*
lat. *tres*		engl. *three*
lat. *cord-*	→	dt. *Herz*

Aus dem Vergleich von Sprachen schließen Sprachforscher auf deren Verwandt-
schaftsbeziehung und Entwicklungsgeschichte. Auf diese Weise lässt sich eine Ahnen-
reihe erstellen und eine mögliche gemeinsame Ursprache rekonstruieren (*).

Germanisch*	Altnordisch	Altsächsisch	Altenglisch	Althochdeutsch
fader	faðir	fadar	fæder	fater
moder	moðir	modar	modor	muoter
broþer	broðir	broðar	broðor	bruoder
swester	systir	swestar	sweostor	swester
duhter	dottir	dohtar	dohtar	tohter
sunu	sunr	sunu	sunu	sunu
herton	hjarta	herta	heorte	herza
knewa	kne	knio	cneo	knio
fot-	fotr	fot	fot	fuoz
k(w)ou	kyr	ko	cu	kuo
swina	svin	swin	swin	swin
hunda	hundr	hund	hund	hunt
watar	vatn	watar	wæter	wazzar
fewur	furr	fiur	fyr	fiur
neuja	nyr	niuwi	niwe	niuwi
ek	ek	ik	ic	ih
þu	þu	thu	þu	du
etan	eta	etan	etan	ezzan
ber-a	bera	beran	beran	beran
wait	veit	witan	wat	wizzan
aina	einn	en	an	ein
twajina	tveir/tvær	twa/two/twe	twa/tu	zwa/zwo/zwei
þrejes	þhrir	thria	þri	dri
fe(d)wor	fjorir	fi(u)war	feower	fior
femf(e)	fim(m)	fif	fif	fimf
sehs	sex	sehs	siex	sehs
sebun	sjau	sibun	seofon	sibun
ahtau	atta	ahto	eahta	ahto
newun	niu	nigun	nigon	nium
tehun	tiu	tehan	tien	zehan

Die germanischen Sprachen sind eng miteinander verwandt. Stellt man ausgewählte Begriffe dieser Sprachen nebeneinander, so sind die Ähnlichkeiten und ihre Variationen unübersehbar (nach: Kausen 2004).

Deutsch	Niederdeutsch	Niederländisch	Englisch	Schwedisch
Vater	*Vader*	*vader*	*father*	*fader*
Mutter	*Moder*	*moeder*	*mother*	*moder*
Bruder	*Broder*	*broeder*	*brother*	*broder*
Schwester	*Süster*	*zuster*	*sister*	*syster*
Tochter	*Dochter*	*dochter*	*daughter*	*dotter*
Sohn	*Söhn*	*zoon*	*son*	*son*
Herz	*Hart*	*hart*	*heart*	*hjärta*
Knie	*Knee*	*knie*	*knee*	*knä*
Fuß	*Foot*	*voet*	*foot*	*fot*
Kuh	*Koh*	*koe*	*cow*	*ko*
Schwein	*Swien*	*zwijn*	*swine*	*svin*
Hund	*Hund*	*hond*	*hound*	*hund*
Wasser	*Water*	*water*	*water*	*vatten*
Feuer	*Füer*	*vuur*	*fire*	*fyr*
neu	*nee*	*nieuw*	*new*	*ny*
ich	*ik*	*ik*	*I*	*jag*
du	*du*	*je*	*thou*	*du*
essen	*eten*	*eten*	*eat*	*äta*
(tragen)	*böhren*	*baren*	*bear*	*bära*
wissen	*weten*	*weten*	*wit*	*veta*
ein(s)	*een*	*een*	*one*	*ett*
zwei	*twee*	*twee*	*two*	*två*
drei	*dree*	*drie*	*three*	*tre*
vier	*veer*	*vier*	*four*	*fyra*
fünf	*fief*	*vijf*	*five*	*fem*
sechs	*söss*	*zes*	*six*	*sex*
sieben	*söven*	*zeven*	*seven*	*sju*
acht	*acht*	*acht*	*eight*	*åtta*
neun	*negen*	*negen*	*nine*	*nio*
zehn	*teihn*	*tien*	*ten*	*tio*

In der Geschichte einer Sprache wandeln sich Laute und
Betonung. Der »Lautwandel« tritt prozesshaft auf.

In diesem Schaubild wird deutlich, dass sich das Hochdeutsche mit zwei Lautverschiebungen erheblich von
der gemeinsamen Ausgangssprache entfernt hat.
Niederdeutsch hat diese Entwicklung nicht mitgemacht
(*=rekonstruiert) (nach: Kausen 2004).

GERMANISCH

*gard-

*mūs

*piper

*slēpan

*etan

*sētōn

*katta

*makōn

*daga-

*wība-

*þat

*hwat

Zweite (hochdt.)
Lautverschiebung
(6.–8. Jh.)
$p \rightarrow pf/f$
$t \rightarrow z, tt \rightarrow tz$
$t \rightarrow s$
$k \rightarrow ch$
$d \rightarrow t$
$v, w, f \rightarrow b$

garto

mūs

pfeffar

slāfan

ezzan

sizzen

kazzo

mahhōn

tago

wib

daz

waz

ALTHOCHDEUTSCH

ENGLISCH

yard

mouse / mice

pepper

sleep

eat

sit

cat

make

day

wife

that

what

1. Brechung =
Diphthongierung vor r+Kons,
l+Kons, h (im 3. Jh.)
germ. *melk* → ae. *meolc*
→ ne. *milk*
germ. **gard-* → **geard* [g]

2. Anglo-Friesische
Palatalisierung (im 3./4. Jh.)
*geard [g] → ae. *geard* [j]
→ ne. *yard*

3. i-Umlaut (im 6. Jh.)
ae. *mūs/mys* → ne. *mouse/mice*

NIEDERDEUTSCH

Goorden

Muus / Müüs

peper

slapen

eten

sitten

Katt

maken

Dag

Wief

dat

wat

Monophthongierung (11. Jh.)
ie → *ie* (langes i)
– liebe → liebe
uo → *u* – guote → gute
üe → *ü* – brüeder → brüder

Diphthongierung (12. Jh.)
î (lang) → *ei* – min → mein
û (lang) → *au* – hus → haus
iu (ü) → *eu/äu* – niuwez
→ neues

Konsonantismus
sl, sm, sw → *schl, schm, schw*
(slapen → schlafen,
swimmen → schwimmen)

Garten

Maus

Pfeffer

schlafen

essen

sitzen

Katze

machen

Tag

Weib

das

was

NEUHOCHDEUTSCH

Friesisch

Niederdeutsch

Sorbisch

Mitteldeutsch

Oberdeutsch

Die Bundesrepublik Deutschland hat 82,5 Millionen Einwohner. Die Amtssprache ist Hochdeutsch, und die Alphabetisierungsrate liegt bei 99 Prozent.

Das tatsächlich gesprochene Deutsch variiert zum Teil sehr stark [siehe Seite 87]. Die örtlich oder regional gebundenen besonderen Formen einer Sprache nennt man Mundarten oder auch Dialekte. Die großen Dialektgebiete des Hochdeutschen liegen in Mittel- und Oberdeutschland. In Norddeutschland sprechen die Menschen neben Hochdeutsch auch Niederdeutsch, wobei Niederdeutsch kein hochdeutscher Dialekt ist, sondern den Status einer eigenständigen Sprache hat. Weitere angestammte Sprachen sind das Friesische (im Nordwesten) und das Sorbische (im Osten).

Deutschland ist für Sprachforscher besonders interessant, weil es im Zentrum Europas liegt und deshalb an sehr viele unterschiedliche Sprachräume grenzt: an romanische, germanische, slawische und sogar finno-ugrische Sprachen. Dort tritt es jeweils in regen Austausch mit den Nachbarsprachen. Damit kann »Deutsch als die ›kontaktfreudigste‹ Sprache Europas angesehen werden« (Földes 2005, 17).

Eine weitere Besonderheit der deutschen Sprache ist das große Dialektkontinuum. Dies bedeutet, dass auch unterschiedliche Mundarten von einem Dorf zum nächsten ohne Probleme zu verstehen sind. Erst mit größerer räumlicher Distanz kann es vorkommen, dass Sprecher derselben Sprache, aber unterschiedlicher Dialekte sich auf der Dialektebene nicht mehr verstehen. Dann können sie aber auf die gemeinsame Dachsprache, in unserem Fall: auf Hochdeutsch, zurückgreifen.

Mittel- und Oberdeutsche
= Hochdeutsche Dialekte

HOCHDEUTSCH

DEUTSCH	76 000 000

davon exemplarisch einige Dialekte:

Mitteldeutsche Dialekte

Westmitteldeutsch	
z.B. Pfälzisch	1 000 000
z.B. Kölsch	bis 750 000
Obermitteldeutsch	
z.B. Obersächsisch	2 000 000

Oberdeutsche Dialekte

Nordoberdeutsch	
z.B. Ostfränkisch	?
Westoberdeutsch (Alemannisch)	
	10 000 000
z.B. Schwäbisch	820 000
Ostoberdeutsch (Bairisch)	
	12 000 000

YIDDISH, westl. (ethn.Bev.)	50 000

NIEDERDEUTSCH

NIEDERDEUTSCH	8 000 000

davon exemplarisch einige Dialekte:

Niederfränkisch/Niederländisch	
	26 000 000

Westniederdeutsch

z.B. Nordniedersächsisch	

Ostniederdeutsch

z.B. Mecklenburgisch-Vorpommersch	

Plautdietsch (v.a. Spätaussiedler)

in Deutschland	90 000
in Kasachstan	100 000

NICHT-DEUTSCHE SPRACHEN

ANGLO-FRIESISCHE SPRACHEN

Nordfriesisch	10 000
Saterfriesisch	2 000

SLAWISCH

Sorbisch	20 000

SKANDINAVISCHE SPRACHEN

Dänisch	50 000

INDO-IRANISCH

Romanes (Sinti und Roma)	70 000
Jenisch (Dt.-Yiddish-Romani-Rotwelsch)	?

DEUTSCHE GEBÄRDENSPRACHE	50 000

Angestammte Sprachen und Dialekte in Deutschland

(Sprachnutzerzahlen)

INDO-EUROPÄISCH

Kroatisch	652 000
Italienisch	548 000
Kurmandschi	550 000
Russisch	360 000
Griechisch	314 000
Polnisch	241 000
Spanisch	134 000
Englisch	110 000
Niederländisch	101 000
Farsi	90 000
Portugiesisch	78 000
Paschtunisch	29 000
Toskisch	25 000
Hindi	24 500
Urdu	23 000
Lettisch	8 000
Kapverdisch (Kreol, Portugiesisch)	3 000
Katalanisch-Valencisch-Balearisch	?
Tschechisch	?
Dimli	?
Ossetisch	?

ALTAISCH

Türkisch	2 100 000
Japanisch	20 000
Koreanisch	14 000
Turkmenisch	?
Uigurisch	?
Kasachisch	?

AFRO-ASIATISCH

Marokkanisches Arabisch	44 000
Algerisches Arabisch	26 000
Tunesisches Arabisch	26 000
Turoyo (Aramäisch)	20 000
Tigrinya	15 000
Chaldäisches Neu-Aramäisch	3 000
Assyrisches Neu-Aramäisch	?
Hebräisch	?
Tarifit	?
Hausa	?

AUSTROASIATISCH

Vietnamesisch	60 000

SINO-TIBETISCH

Chinesisch (zusammengef.)	40 000

DRAVIDISCH

Tamil	35 000

MONGOLISCH

Kalmykisch/Oiratisch	?

KAUKASISCH

Adygeisch	2 000
Lazisch	1 000

(Daten nach: Bericht BMI 2003,
Ethnologue 2006/2008, wikipedia.de,
Möller 2006, en.wikipedia.org)

Nicht angestammte Sprachen
in Deutschland

(Sprachnutzerzahlen)

Was Plattdeutsch ist, wissen 97 % der Norddeutschen

(in Schleswig-Holstein, Hamburg, Niedersachsen, Bremen, Mecklenburg-Vorpommern und teilweise in Nordrhein-Westfalen, Brandenburg und Sachsen-Anhalt). Im Herbst 2007 führte das Institut für Niederdeutsche Sprache eine Umfrage zur Lage von Plattdeutsch durch.

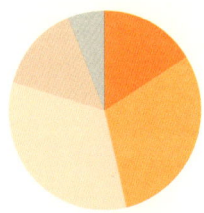

Wie gut können Sie Plattdeutsch verstehen?

sehr gut **16 %**

gut **30 %**

mäßig **33 %**

wenige Wörter **14 %**

gar nicht **6 %**

weiß nicht/keine Angabe **0 %**

Wie gut können Sie Plattdeutsch sprechen?

sehr gut **6 %**

gut **8 %**

mäßig **23 %**

wenige Wörter **25 %**

gar nicht **38 %**

weiß nicht/keine Angabe **–**

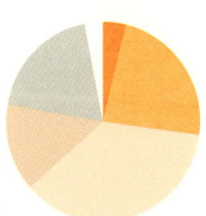

Wie gut können Sie Plattdeutsch lesen?

sehr gut **4 %**

gut **23 %**

mäßig **36 %**

wenige Wörter **14 %**

gar nicht **19 %**

weiß nicht/keine Angabe **3 %**

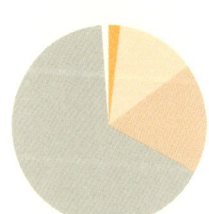

Wie gut können Sie Plattdeutsch schreiben?

sehr gut **0 %**

gut **2 %**

mäßig **13 %**

wenige Wörter **18 %**

gar nicht **66 %**

weiß nicht/keine Angabe **1 %**

»Niederdeutsch« ist ein sprachwissenschaftlicher Fachausdruck, der in der
Tradition der Abgrenzung zur hochdeutschen Sprache entstanden ist.
Der Volksmund spricht allerdings nur von »Plattdeutsch« oder kurz »Platt«.
Mit »Platt« ist nun aber nicht »platt« gemeint, im Sinne einer »minder-
wertigen Sprachform, einer ›Art von verdorbenem Hochdeutsch‹«. Genau-
sowenig hat »Platt« etwas mit dem »platten Land«, also der norddeutschen
Tiefebene zu tun. Es ist ein Lehnwort, das aus dem Mittelniederländischen
übernommen wurde. Eine alte niederländische Redensart sagt z.B. »ick
segt u plat«, wobei »plat« »so viel bedeutet wie ›einfach, deutlich, klar,
jedermann verständlich‹.« (Niebaum 1986, 8 f.)

Plattdeutsch ist eine Sprache, die dem Niederländischen und dem Englischen
größtenteils näher ist als dem Hochdeutschen (vgl. Seite 40 f.). Platt
spricht man in Norddeutschland, wobei sich die Dialekte – wie im Hochdeutschen – regional stark unterscheiden können.

Nord-
friesisch

Husum

Schleswigisch

Kiel

Holsteinisch

Sater-
friesisch

mäh(e)t mö
(3.Pl.)

Ostfriesisch

Hamburg

West-
friesisch

Bremen

Nordniedersächsisch

WESTNIEDERDEUTSCH

di / dik

gebroken
gebruaken

Hannover

Niederfränkisch

Münster

Westfälisch

Detmold

Ostfälisch

El
ostfälis

mähe(n) *mähet*
(3. Pl)

Nieder-
rheinisch

ik
ich

pfund *fund*

Thüringisc

maken
machen

Köln

ik
ich

Ost

BENRATHER LINIE

Ripuarisch

Ostm

Mittelfränkisch *dorp / dorf*

Niederhessisch

Westmitteldeutsch

Rheinfränkisch

Die Sprachgrenzen (»Isoglossen«), zeigen an beispielhaften Wörtern die Dialektgebiete im niederdeutschen Sprachraum (Karte: Stand um 1900).

Als *Benrahter Linie* bezeichnen Sprachwissenschaftler die Isoglosse *maken/machen*, die man als Übergangslinie zwischen Mittel- und Niederdeutschem Sprachraum bezeichnet (benannt nach dem Düsseldorfer Stadtteil, bei dem die Isoglosse den Rhein schneidet.

Mecklenburgisch-Vorpommersch

Ostpommersch

Stettin

brauder
broder

beißen beiße
(Inf.)

Nordmärkisch

OSTNIEDERDEUTSCH

Brandenburgisch

BENRATHER LINIE

Märkisch

ik / ich

Neiderländisch

Berlin

maken
machen

Mittelmärkisch   *Südmärkisch*

Schlesisch

ik di

Wittenberg

Sorbisch

Obersächsisch

Dresden

deutsch

mach(e)   machen -a
(Inf.)

Diese Karte zeigt grob die Dialektgebiete des Niederdeutschen. Da die Übergänge von einem zum nächsten fließend sind (Dialektkontinuum, vgl. Seite 43 oder auch Seite 51–55), sind die gezogenen Grenzen lediglich als Teile einer modellhaften Gliederung anhand ausgesuchter Merkmale zu verstehen. Je nach Quelle können diese Grenzen also z.T. stark variieren.

Sprachwissenschaftler ziehen auf Karten Dialektgrenzen (*Isoglossen*), um Sprachen zu unterscheiden und zu unterteilen. Die so entwickelten Sprachgebiete und ihre Teile sind aber nur Modelle. Denn wenn man sich die Sprachen au der Nähe ansieht, stellt man fest, dass sie sich schon von Dorf zu Dorf unterscheiden.

Eine Umfrage von 1940 im Kreis Minden-Lübbecke (Nordrhein-Westfalen) dokumentiert die lokale Vielfalt der niederdeutschen Mundarten (visualisiert nach Gerald Halstenberg, 2002; die Grafik zeigt den Landkreis, jeder Punkt steht für ein Dorf).

Wörter für Kleiderhaken
im Landkreis Minden-Lübbecke (1940)
(nach Halstenberg, 2002)

Wörter für <u>Sonnabend</u>
im Landkreis Minden-Lübbecke (1940)
(nach Halstenberg, 2002)

Wörter für kleiner Hügel
im Landkreis Minden-Lübbecke (1940)
(nach Halstenberg, 2002)

Wie reich ist eine Sprache, die innerhalb eines Landkreises schon derart viele Varianten des Wortes *Ameise* besitzt!

Wörter für Ameise
im Landkreis Minden-Lübbecke (1940)
(nach Halstenberg, 2002)

Deutschland
8 000 000 Niederdeutsch
(davon: 90 000 Plautdietsch, das Niederdeutsch der Mennoniten)

Russland und Kasachstan
100 000

Kanada
80 000 (1978)

Mexico
40 000

Paraguay
38 000

Bolivien
ca. 28 500

USA
11 974 (2000)

Brasilien
ca. 6000

Belize
5700

Uruguay
1200

Costa Rica
100

Argentinien
100

Durch die Auswandererbewegungen im 18. und 19. Jahrhundert verbreiteten sich Plattsprecher über die ganze Welt. In zahlreichen Siedlungen haben die ehemaligen Auswanderer die Sprache ihrer Vorfahren am Leben erhalten.

Heimat
auf der Zunge

Wo steiht
dien Kark?

Hummel Hummel

Hamburch

St.Pauli

Geschichte

Würde

direkt

Kultur

bildhaft   ursprünglich   unkompliziert

Lotsen

authentisch   bedächtig   Reeperbahn

Marine

unterkomplex   ungebildet

wortkarg   Laientheater

Ohnsorg-Theater

vulgär

verschlossen

Heidi Kabel

Hans Albers

plump

Gebrüder Wolf

bodenständig   derb

rückwärts

Snacks

heimattümelnd

muffig

Köm

Worpswede

Stammtisch   Schützenfest

altmodisch   Moor

Tradition   Grünkohl

Rundstück warm

reaktionär

Was verbinde ich mit Plattdeutsch (unsortierte Aufzählung)?

Heimat

herzlich   norddeutsch

zu Hause   Bremerhaven

Kindheit

warm   Ostseeurlaub

Mutter und Vater

Lachen   gemütlich   Familie

emotional   Rostock

Seefahrt   Oma und Opa

alte Menschen   Kiel

Hafen

Klaus Störtebecker

Hanse

Klaus Groth   Hanseaten   Wittmund

hintersinnig

Rudolf Kinau   Boßeln

Fritz Reuter

Altes Land

triemels   schwer zu lesen   Wiedersehen

lebenslustig   Elbmarschen

Eulenspiegel

Freunde

Hannes Wader

Achim Reichel   Nachbarschaft

Gemeinschaft

Ina Müller

Fettes Brot

Dorf

ländlich

Bauernhof

Fachwerkhaus

»Manchen Leuten erscheint die plattdeutsche Sprache grob, und sie mögen sie nicht. Ich habe diese Sprache immer geliebt; mein Vater sprach sie wie hochdeutsch, sie, die ›vollkommnere der beiden Schwestern‹, wie Klaus Groth sie genannt hat. Es ist die Sprache des Meeres. Das Plattdeutsche kann alles sein: zart und grob, humorvoll und herzlich, klar und nüchtern und vor allem, wenn man will, herrlich besoffen.« Tucholsky 1950, 14 f.

Wenn Sie an Plattdeutsch oder Niederdeutsch denken, welchen der folgenden Eigenschaften stimmen Sie zu?
fragte das Institut für Niederdeutsche Sprache 2007 in einer Umfrage.

heimatlich	91,2%
humorvoll	84,9%
gemütlich	79,3%
typisch norddeutsch	74,4%
gehört zum Ohnsorg-Theater	66,5%
stirbt aus	61,6%
sprechen auch junge Leute wieder	54,5%

(deutschsprachige Bev. in Norddeutschl.)   INS 2008

Die Lieblingsdialekte der Deutschen
»Hier auf dieser Liste stehen verschiedene Dialekte – sind darunter welche, die Sie besonders gerne hören?«
(Vorlage einer Liste – Möglichst nicht mehr als drei Angaben)

Bayerisch	35%
Norddeutsches Platt	29%
Berlinerisch	22%
Schwäbisch	20%
Rheinländisch	19%
Hessisch	13%
Sächsisch	10%
Fränkisch	10%
Pfälzisch	8%
Badisch-Alemannisch	8%
Westfälisch	7%
Mecklenburgisch	6%
Ostpreußisch	6%
Thüringisch	5%
Saarländisch	3%
Schlesisch	3%
Pommerisch	2%

(Bevölkerung in Prozent)   Allensbach 2008

Woran muss man denken, wenn man das Wort Plattdeutsch hört? Die Sammlung auf den vorangegangenen Seite habe ich spontan zusammengestellt. Sie ist nur eine willkürliche Assoziationskette, aber dennoch lässt sich an ihr ein Bild von Plattdeutsch ablesen, wie es heute verbreitet ist.

Und immer schwingt eine geheimnisvolle »Binnenexotik« mit, der Reiz der fremden Nähe – oder der nahen Fremde, je nachdem.

Man empfindet Plattdeutsch als direkter, authentischer und irgendwie echter als Hochdeutsch. Wieso? Sprachwissenschaftler führen dies auf den Eindruck von Unterkomplexität zurück, den Platt anscheinend vermittelt. Die Satzkonstruktionen sind tendenziell eher verblastig, während man im Hochdeutschen zur Substantivierung neigt. Allein dieser grammatikalische Unterschied macht die Dinge in Plattdeutsch für Sprecher und Hörer greifbarer. Sachverhalte erscheinen weniger komplex. Hinzu kommt, dass die Entwicklung des Niederdeutschen die Moderne ausgelassen hat. Alltägliche, zwischenmenschliche Begebenheiten und Dinge lassen sich problemlos benennen. Die komplexe moderne Welt abzubilden und zu kommentieren, ist dagegen Neuland für Plattsprecher, aber auch nicht so wichtig. Plattsnacker sind mehrsprachig und Platt ist in der Regel die Sprache für Freizeit und Familie. Wenn es kompliziert wird, spricht man eben Hochdeutsch oder Englisch.

Was die (gefühlte) Echtheit von Platt noch steigert, ist die (vermeintliche) Echtheit seiner Sprecher. Platt gilt vorwiegend als die Sprache der *einfachen* Leute, der Arbeiter, Bauern und Seeleute.

»Jo, ick weer in jungen Johrn
an de Waterkant born – Moin!
Ne steife Brise von vorn
gifft mi jümmer koole Ohrn.
Ick gah jeden Avend up'n Swutsch
un kumm ers trüch,
wenn all mien Geld is futsch.
Mann in de Tünn, gah mi ut de Sünn.
Ick bün, wat ick bün,
kumm mi nich an'ne Plünn'.
Doch kumm fix mal rum,
üm di de Norden antokieken.
Bi us dor is jümmer wat los
achter de Dieken.
Set di eerstmal dal,
nimm 'n Kööm un 'n Aal
Un smeckt di dat nich,
is mi dat ok schietegal. […]«

Aus:
Nordish by Nature
von der Hip-Hop-Band
Fettes Brot (1995)

»Wo steiht dien Kark?«, sagt man in meinem Dorf, wenn man wissen will, wo jemand zu Hause ist. »Wo steht deine Kirche? Wo bist du zu Hause? Wo ist deine Heimat?«

Heimat ist dort, wo man bereits in frühester Kindheit geprägt wurde. »Das ist so etwas wie das Anwachsen an die Umgebung« (Türcke 2006b). In der Regel kann man sich nicht aussuchen, wo dies vonstatten geht. Wenn man zum Beispiel als Norddeutscher ständig einen rauen Wind um die Nase ertragen muss – was viele eher als unangenehm empfinden – und man gar nicht weiß, dass das auch anders geht, gehört dieser Wind irgendwann einfach zu einem, ob man will oder nicht.

Die »Prägung«, die man als Kind erfährt, hält ein Leben lang. Einmal Plattsnacker, immer Plattsnacker. Um im Bild von Christoph Türcke (Türcke 2006) zu bleiben: Heimat ist das, wo man anwächst und verwurzelt. Wenn man seine Heimat verlässt, spürt man diese Wurzeln. Dann werden sie einem bewusst. Aber ein »Zurück« zur Heimat gibt es nicht, denn es ist ja die kleine Welt der Kindheit, in die man sich zurücksehnt. Man kann sich nur daran erinnern (vgl. Seite 70 f.). Es gibt keine Substanz »Heimat«, genauso wenig wie Kultur, Sprache und Identität konkret und konstant sind. Alles ist im ständigen Wandel, in einem Fließgleichgewicht (mehr dazu im Kapitel Sprachwandel). Aber die Prägung, die man als Kind erfuhr, bleibt. Sie dient zur Orientierung in der globalisierten, multikulturellen Welt. Sie ist der Maßstab, den man ohnehin mit sich schleppt.

»Die Grenzen meiner Sprache bedeuten die Grenzen meiner Welt« (Wittgenstein 1922, 89). Sprache ist wichtig für die Identitätsbildung eines Menschen. Man braucht sie zur »Situationsinterpretation und für die Auseinandersetzung« mit anderen (Krappmann 1988). Es macht einen Unterschied, in welcher Sprache man dies tut, denn jede Sprache hat andere Ausdrucksmöglichkeiten. Sprache ist identitätsstiftend. Allein schon, weil man sich einer Sprachgemeinschaft zugehörig fühlt, in der die eigene Sprache gesprochen wird. Und wenn man mehrsprachig aufwächst? …

Man trägt die Heimat auf der Zunge. Sprache ist ein Hauptbestandteil von Heimat. Gemeint ist hier nicht nur die »Muttersprache« oder besser: »Erstsprache« (könnte ja auch die des Vaters sein). Viel wichtiger ist die tatsächliche Sprache um einen herum. Sie gehört zu den Menschen und zur Umgebung, mit der man »verwächst«. Wenn ich heute jemanden treffe, der Plattdeutsch spricht, so fühle ich mich sofort davon berührt und der Sprecher ist mir spontan sympathisch, weil mich das an meine Heimat erinnert.

Meine Freundin hat in Mainz studiert. Wenn ich sie besucht habe und im Bus, auf der Straße oder beim Bäcker auf die dortige Mundart stieß, hat das manchmal bei mir eine Trotzreaktion hervorgerufen. Keine bewusste. Der gesprochene Dialekt war mir fremd, wie eine Fremdsprache, eben nicht wirklich vertraut. Ich wollte und konnte ihn nicht imitieren und es kam mir seltsam vor, »nur« Hochdeutsch zu antworten. Wenn ich z. B. früh morgens mit dem Zug aus Hamburg in Mainz ankam und auf dem Weg Brötchen kaufen wollte, kam es schon mal vor, dass ich die Bäckerei betrat mit einem »Moin. Ich hätte gern vier Rundstück.« Die Bäckereiverkäuferin sah mich dann irritiert an: »Welche Wecken?« _____ Vielleicht hatte ich den Code noch nicht richtig umgeschaltet von »Hamburg« auf »Mainz« und es war mehr ein Versehen. Vielleicht wollte ich aber auch damit sagen: Ich bin nicht von hier. Ich komme aus Norddeutschland. _____ Plattdeutsch ist, wie gesagt, nicht meine Erstsprache, aber z. B. die meiner Großeltern, die meines Onkels, unserer Nachbarn usw. Deshalb sind wir als Kinder mit Platt aufgewachsen. Und das tun unsere Kinder auch heute noch. _____ Einmal saßen wir mit der ganzen Familie beim Geburtstagskaffee in der guten Stube, das muss so vor zehn Jahren gewesen sein, als die kleine Tochter meiner Cousine, vielleicht drei oder vier Jahre alt, hereinkam. Sie sah uns Kaffee trinken und brabbelte, was ihr dazu einfiel: »Nich lang snacken, Kopp in 'n Nacken.« Das allgemeine Amüsement war groß.

Später dann, auf dem Gymnasium in Stade, haben ab und an die beiden Geschichtskurse ein Boßel-Turnier veranstaltet. Da ging es dann ziemlich zünftig zu und es wurde einiges »vertehrt« (=*verzehrt*, hier: *getrunken*). Aber nicht stillos. Jedes Mal musste mit dem Bollerwagen gestoppt und ein Kreis gebildet werden und es wurde gesungen:

> *»Prost, Prost, Prost,*
> *nu geiht dat wedder los.*
> *Wenn se all een hebbt,*
> *will ik ok een hebben.*
> *Dat ik ok keen mag,*
> *kann ik ok nich seggen.*
> *Prost, Prost, Prost,*
> *nu geiht dat wedder los.«*

Nach dem Abitur haben viele aus meinem Jahrgang studiert und sich in alle Winde verstreut. Wenn sich Freunde der alten Clique wieder treffen, begrüßt man sich heute mit einem zelebrierten »*Mooooooooin! Wo geiht di dat?*« Und zwar schön laut, damit es alle Umstehenden hören. _____ … und alles ist wieder wie früher. Aber haben wir uns früher wirklich auch auf Platt begrüßt? …

Meine Großmutter ist in einem kleinen Dorf an der Elbe in der Nähe von Hamburg aufgewachsen. Wie es hier kurz nach dem Ersten Weltkrieg üblich war, sprach auch meine Großmutter in ihren ersten Lebensjahren mit ihrer Mutter und ihrer Familie nur Plattdeutsch. Hochdeutsch lernte man damals erst in der Schule – wie eine Fremdsprache. Zu Hause wurde jedoch weiterhin Platt gesnackt._____Als meine Oma zu einer jungen Frau heranwuchs, fuhr sie manchmal mit ihrer Mutter und zwei Cousinen nach Hamburg. Diesen Ausflügen fieberten die Deerns tagelang entgegen. Sie putzten sich heraus, so gut es ihnen der spärlich gefüllte Kleiderschrank erlaubte. Zwischen all den vornehmen Stadtdamen wollten sie auf gar keinen Fall als »Buurndeerns« zu erkennen sein._____Die Fahrt mit dem Dampfer zu den St.-Pauli-Landungsbrücken dauerte zwei Stunden. Kaum waren die jungen Frauen an Bord, achteten sie peinlich genau darauf, dass ihnen kein plattdeutsches Wort herausrutschte. Ihre Mutter hätte meine Oma manchmal gern am Anleger stehen gelassen. Die konnte ihre Herkunft nämlich nicht so gut verbergen, vielleicht weil sie dies gar nicht ernsthaft versuchte, vielleicht weil sie die Gratwanderung zwischen den Sprachen nicht so gut beherrschte wie die Jüngeren._____In der großen Stadt beim Schaufensterbummel verhielten sich die jungen Damen sehr wortkarg. Denn richtig hingebungsvoll schnattern konnten sie eigentlich nur auf Platt. Wenn es etwas zu erzählten gab, so tuschelten sie lieber, damit es niemand hören konnte._____Erst am Abend während der Rückfahrt mit der letzten Fähre wich die Anspannung von ihnen. Nun konnten sie wieder lachen und schnattern, wie ihnen der Schnabel gewachsen war. Gemeinsam mit ihrer Mutter konnte meine Oma nun herzlich über die »överkandidelten Fruunslüüd in Hamborg« lästern.

Wenn Oma (Mitte) mit ihren Cousinen in Hamburg an der Alster saß, verleugnete sie ihre »Muttersprache«. Sie wollte nicht an der Sprache als Mädchen vom Lande erkannt werden und sprach lieber gar nicht. Platt war die Sprache der Arbeiter, Bauern und See-leute, die Sprache der Ungebil-deten. Mit der flächendecken-den Einführung der allgemeinen Schulen beschleunigte sich der Sprachwechsel von Platt-zu Hochdeutsch in Norddeutsch-land. Die Eltern, die für ihre Kinder eine bessere Schul-bildung wollten, versuchten, sie auf Hochdeutsch zu erziehen. Plattdeutsch war in diesem Moment verpönt als die Sprache der Unterschicht, zu der man natürlich selbst nicht (mehr) gehören wollte.

Die »eigene Sprache« oder der eigene Dialekt prägen Menschen. Man trägt die Heimat auf der Zunge, heißt es (vgl. Seite 61). Meine Großeltern wollten diese ihre Herkunft verleugnen, weil ihr auch soziale Vorurteile anhafteten. Man wird sich seiner Heimat aber erst richtig bewusst, wenn man sie verloren oder verlassen hat. Im Nachhinein.

Ein Textbeispiel, das diesen Umstand sehr deutlich macht, ist ein Erfahrungsbericht des Schriftstellers Martin Walser. Er wuchs am Bodensee auf und erlebt das Verschwinden seines Dialektes als persönlichen, schmerzhaften Verlust. Die Sprache hat sich weiterentwickelt, verändert – oder sie ist »ausgestorben«. In jedem Fall gibt es niemanden mehr, mit dem er die Sprache seiner Kindheit sprechen kann. Er kann sich nur noch wehmütig daran erinnern. Diese Veränderung der Sprache bedeutet für ihn, dass es seine Heimta nicht mehr gibt.

»In der Mundart zu bleiben, das hätte in meiner Generation und Lage bedeutet, auf den Hof zurückzugehen, den die Eltern schon verlassen hatten. Man kann den Dialekt nicht bewahren, wenn man die Gesellschaft, die ihn entstehen ließ, zerstört. Das Alemannische hat in meiner Gegend keine Gesellschaft mehr, nur noch Refugien. Selbst Baden, seine letzte politische Fassung, ist seit mehr als zwanzig Jahren dabei, von Stuttgart aufgetrocknet zu werden; das seinerseits aufgetrocknet wird von einer Export-Import-Mentalität, deren reales Heil und Selbstbewusstsein von dem Grad internationaler Konkurrenzfähigkeit bestimmt wird.＿＿＿Ich habe die Ohren voll von früher. Die Riesenklänge hängen in mir hörbar herum. Ich kann sie aber nicht herausbringen. Es fehlt mir an Gesellschaft dazu. Die Generation und Umgebung meiner Mutter, das ist der natürliche Ort meines Dialekts. Ein reines Totenreich also. Eine vergangene Zeit in Form einer Sprache. Eine Sprache, für die es weniger Anwendungsmöglichkeiten gibt als für das Lateinische!＿＿＿Mein Dialekt wird unter Verschluss gehalten. Ich spreche natürlich nicht hochdeutsch zuhause, im Alltag. Aber dieser alltägliche Landläufigkeitsmischmasch ist von meinem Dialekt fast so weit weg wie vom Hochdeutschen. Ich kann die volle Intonation der alten Sprache nicht mehr wagen.＿＿＿Also ist mein Dialekt eine Sprache, an die ich nur noch denke.« Martin Walser, 1976

Beern, Bohn'n un Speck

TODOTEN   4 Pund junge, greune Bohnen_____2 Pund räukerten dörchwussen Speck_____1 Eetlepel Zucker_____1 Bund Küll_____Sult no Smack (Männigmool is de Speck so sult, datt kuum noch Sult togeben warrn mütt.)

SO WARRT DAT MOOKT De Bohnen waschen, de Ennen afsnien un in Stücken breken. Speck un Küll mit een Liter Woter to'n Koken bringen un een Stünn op mittlere Hitt koken loten. Wenn de Speck een Stünn kookt hett, de Bohnen to den Speck geben. Nu de Beern waschen, de Bloom utsteken, de Stingels blievt an, un op de Bohnen leggen. Ik reken veer lütte (in de Bohnentiet gifft dat extro Bohnen dorto) or ok twee grote Beern pro Kopp. Allns noch een halbe Stünn miteenanner koken loten._____Beern un Speck warrt nu ut den Putt nohmen un warm stellt. Nochmool mit Sult un Zucker afsmecken un mit anrührt Mehl ansemen._____Bitte vergeet mool Kalorien un Joule un geneet disse norddüütsche Köß. Ik müüch sogor seggen »Köstlichkeit«!

(Clara Kramer-Freudenthal, sassisch.net)

(Auf den Seiten 72–78 wurde die Schreibweise der Quelle übernommen.)

Labskaus

TODOTEN (för veer Persoon)   1000g Ossenfleesch – »Hoge Rüpp mit Knoken«, glieks inpökelt vun Slachter, een Week tovör bestelln   4 middelgrote, schellte Zippeln   3 Nelkenköpp   3 Lorbeerblöder   1 Teelöpel vull swatte Peperküürn   100g Smult   1200g Kutüffeln   4 lütte or 2 grote Sultgurken   4 Gewürzgurken   1 lüürlütte Pries Muschotennööt   1 Glas inleggte Rode Beet, farig käupen   5 Matjes – Dor smeckt opbest de Kuttermatjes – de kinnst doran, dat se an Stiert tosoom hingt – or ok as Uttuusch Bismarckhiern.

SO WARRT DAT MOOKT Dat inpökelte Ossenfleesch kott afwaschen, knapp mit Woter bedecken. Tosoom mit een Zippel, Nelkenköpp, Lorbeerblöder un Peperküürn twee Stünn suutje koken loten.   In de Twüschentiet de Kutüffeln schelln un Kutüffelmoos dorvun moken. Mit den Suud vun dat Pökelfleesch statts Melk semig moken.   Wenn dat Fleesch goor is, gans fien hacken or beter noch dörch den Fleeschwolf mit de groff Schiev dreihn. So is dat op eenfachst. Noch veel eenfacher un billiger is dat, gor keen Ossenfleesch to nemm, sünnern eenfach een Doos fariget Corned Beef ünnertomengeln. Wenn dat mool gau gohn schull, hebb ik dat ok al mookt. Mien Mann hett dat ober ümmer glieks spitz kregen un froogt: »War heute die bequeme Variante dran?« Na, dat schall jo ok een lütt beten Ünnerscheed ween in'n Smack.   De dree Zippeln wörpeln un in dat Smult glosig dünsten, un mit dat groff tweisneen Fleesch, een Matjes, een lütte Sultgurk, een Gewürzgurke, fief Schieben rode Beet dörch den Fleeschwulf dreihn.   Mit een beten Peper ut de Möhl un een gans lütt beten Muschotennööt afsmecken. Wenn dat to nüchtern schient, noch Sult todoon, ober mihrstiet is dat dörch dat pökelte Fleesch un den Suud sultig noog.   Anrichten op een groten Töller. Mit Matjes or Bismarckhiern an de Siet, poor Schieben Sult- un Gewürzgurken, un een poor Schieben Rode Beet an den Töllerrand leggen is dat al een Ogenweid. Nu kummt as Kroon noch op jede Portschoon in de Mitt' een Speegelei.   (Clara Kramer-Freudenthal, sassisch.net)

Das Seefahrer-Essen gilt an der Küste als besondere
Spezialität. Der Name stammt wahrscheinlich von der
englischen Bezeichnung dieses Gerichtes, das man an
Bord *lobscouse* nannte. Ganz klar ist nicht, worauf es
zurückgeht.

Rode Grütt mit Vonilleschü

Dat Rezept, een Speziolität för uns Norddüütschen, geev ik man alltogiern wieder. Freuher geef dat man bloots in de Sommertiet »Rode Grütt« to eten. Hüüttodoogs köönt wi dat ganse Johr öber »Rode Grütt« koken. Dat dorto neudige Oof liggt proot in de Keuhltruhen in den Supermarkt.

TODOTEN   Twee Pund rode un ½ Pund swatte, afstreupte Johannsbeern _____ een Pund utsteente Suurkirschen or ok seute swatte Kirschen _____ een Pund Himbeern _____ 350g Zucker _____ Sapp (Saft) vun twee Citroon un _____ 100g Kutüffelmehl

SO WARRT DAT MOOKT De Johannsbeern mit twee Liter Woter to'n Koken bringen. Good 15 Minuten koken loten. De utkokten Johannsbeern dörch een Seef geten. Den Johannsbeernsapp un de Suurkirschen mit den Zucker warrer 15 Minuten koken loten. Nu de Himbeern kott mit opkoken. Dat Kutüffelmehl mit den Citroonsapp un een lütt beten Woter glattrühren. Nu mütt de Putt vun't Füür. Dat anrührte Kutüffelmehl gau ünnerrühren un kott opkoken loten. In een mit koold Woter utspeulte Schöddel füllen. De »Rode Grütt« dröff nich stief warrn, se mütt licht cremig blieben. _____ Dorto smeckt Slagrohm fletig or ok slogen. Mien Fomilie treckt Vonilleschü vör.

De Vonilleschü   **TODOTEN**   Een Poket Vonilleschüpulber _____ veer Eetlepel Zucker _____ twee Eigeel un _____ ½ Liter Melk

SO WARRT DAT MOOKT Een Poket Vonilleschüpulber mit fief Eetlepel Melk, Zucker un Eigeel anrühren. De Melk opkoken, vun't Füür nehmen un dat anrührte Pulber inrühren. Kott warrer opkoken un in een Melkputt geten. Beten Zucker öberstrein, denn kann sik keen Huut billen. Wenn se koold is nochmool kott mit een Sneebessen ümrühren. (Geiht ook allerbest mit Vanille-Ies tohoop.)   (Clara Kramer-Freudenthal, sassisch.net)

Noorddüütschen Bodderkoken

TODOTEN (Allns in den Beker vun den Slagrohm afmeten)_____ 1 Beker Slagrohm, 150ml
_____ 1 Beker Zucker_____ 2 Beker Mehl_____ 1 Poket Backpulber (för 1 Pund Mehl)_____
3 Eier_____ 1 Pries Sult

SO WARRT DAT MOOKT Eier un Zucker schumig rührn. Mehl un Backpulber dörch een Seef geben un no un no ünner de Zucker-Eiermass' börn. Den Slagrohm bloots licht ansloon, op keen Fall stief sloon, un ünner den Deeg sacht ünnerbörn. Een Backblick mit Bodder utsmeern, mit Mehl afsteuben un den Deeg dorropp verdeeln'. In den op 200 Grood vörbötten Backoben teihn Minuten backen.

Belag   **TODOTEN**   150g Bodder_____ 1 Beker Zucker_____ 3 Eetlöpel Melk
_____ 125g hobelte Mandeln_____ Een gans lütte Pries Sult

SO WARRT DAT MOOKT Allet heet moken, un wenn de Koken teihn Minuten backt hett, ruut ut den Backoben, he dröff bloots keen Tog kriegen, sachtens öber den Deeg striken. Warrer rin in den Backoben un bi de lieke Hitten nochmool teihn Minuten backen loten. Oben utdreihn un den Koken noch dree Minuten to Rooh komen loten. Ruutnehm un so stelln, datt he keen Tog kriggt.   (Clara Kramer-Freudenthal, sassisch.net)

Jeder hat viele Sprachen

Kumm rin un snack di ut, gah rut un holl dien Snuut.

»Angeblich sprechen die Hannoveraner das reinste – sprich dialekt-
freieste – Deutsch und kommen dem Hochdeutschen am nächsten.
*Stimmt's?*____Stimmt. Allerdings nicht ›von Natur aus‹ – sie haben es
sich mühsam vor etwa 200 Jahren antrainiert.____Das, was wir heute
als Hochdeutsch bezeichnen, ist nämlich eine Kunstsprache, die aus
keinem der deutschen Dialekte hervorgegangen ist, erzählt Herbert
Blume, Sprachwissenschaftler an der TU Braunschweig. Hochdeutsch
ist nichts weiter als der Versuch, das seit dem späten Mittelalter eini-
germaßen vereinheitlichte geschriebene Deutsch auszusprechen.

____Noch bis Ende des 18. Jahrhunderts galt das ›Meißnische‹ als das
Nonplusultra der deutschen Hochsprache, was vor allem auf die lite-
rarische Blüte Sachsens zurückzuführen ist. Aber irgendwann merkte
das Bürgertum in den großen Städten, dass die Sachsen doch ihre
phonetischen Schwierigkeiten hatten, vor allem bei der Differenzie-
rung zwischen b und p, g und k, d und t. Der imagemäßige Abstieg des
sächsischen Dialekts begann.____Und es stellte sich heraus, dass das
Plattdeutsche der Niedersachsen (deren kulturelles Zentrum damals
noch Braunschweig war und nicht Hannover) über den besten Vorrat
an Lauten verfügte, um das Schriftdeutsch wiederzugeben. In den
norddeutschen Städten schaffte es das neue Hochdeutsch schnell, den
Dialekt [bzw. die andere Sprache, Anm. d. A.] fast völlig zu verdrängen.
Um 1790 riet schließlich der Schriftsteller Karl Philipp Moritz den
Berliner Damen, denen er das feine Sprechen beibringen sollte, sich die
Braunschweiger und Hannoveraner zum Vorbild zu nehmen.____So
ganz perfekt sind aber auch die Niedersachsen nicht: Wenn sie ›Fluch‹
sagen, kann durchaus der ›Pflug‹ gemeint sein.«

(DIE ZEIT, Christoph Drösser, 24/2000)

Das beste Hochdeutsch ist immer mal woanders.

Niederdeutsch
19./20. Jahrhundert
»vorbildliche
Aussprache«

Meissnisch/
       Sächsisch
17.–18. Jahrhundert
»Neuhochdeutsch«

Fränkisch
9. Jahrhundert
»Althochdeutsch«

Alemannisch
um 1200
»Mittelhochdeutsch«

Bairisch
14.–16. Jahrhundert
»gemeines Deutsch«

Sprachwissenschaftler wissen heute, dass es zu jeder Zeit ein regionales Zentrum der jeweils aktuellen deutschen Standardsprache gegeben hat. Mit der Veränderung der Sprache wanderte auch das Zentrum. Heute sagt man, dass die Menschen in Hannover die Sprache sprechen, die dem Standarddeutsch am nächsten kommt (siehe auch Seite 83). Aber Hannover liegt im niederdeutschen Sprachraum. Das bedeutet, dass unser aktuelles Hochdeutsch am besten mit niederdeutschem Lautmaterial gesprochen wird. Das Wort »König« spricht man deshalb laut Duden heute offiziell nicht [ˌkøːnɪk] sondern [ˌkøːnɪç] mit »ch«.

Dass die hochdeutsche Aussprache der Hannoveraner als vorbildlich gilt, ist kein Zufall. So steht es in den Regelungen, die der Linguist Theodor Siebs 1898 unter dem Namen »Deutsche Bühnensprache« formulierte und die bis heute Bestand haben. Sein Werk war der Versuch, die deutsche Aussprache zu vereinheitlichen, für eine einheitliche Theatersprache. Um die dialektreiche hochdeutsche Sprachenlandschaft unter einen Hut zu bringen, schlug er vor, die hochdeutsche Aussprache eines Fremdsprachlers, eines Niederdeutschen, zum Standard zu erklären (Siebs selbst ist in Bremen geboren). Hannover bot sich in diesem Zusammenhang an, weil es die erste größere Stadt nördlich der Benrather Linie, also an der Sprachgrenze, war (siehe Seite 48).

Auch wenn Schauspielstudentinnen und Studenten noch heute nach dem »Siebs« lernen, nimmt der Einfluss von Siebs Regelwerk auf die Entwicklung ab in dem Maße, in dem die akustischen Medien (vor allem durch das Internet) demokratisiert werden. Die künstliche Dominanz der niederdeutschen Lautungen im Hochdeutschen wird sich wandeln.

Dennoch bleibt dieses Phänomen ein guter Beweis dafür, wie sich Hoch und Platt gegenseitig befruchten.

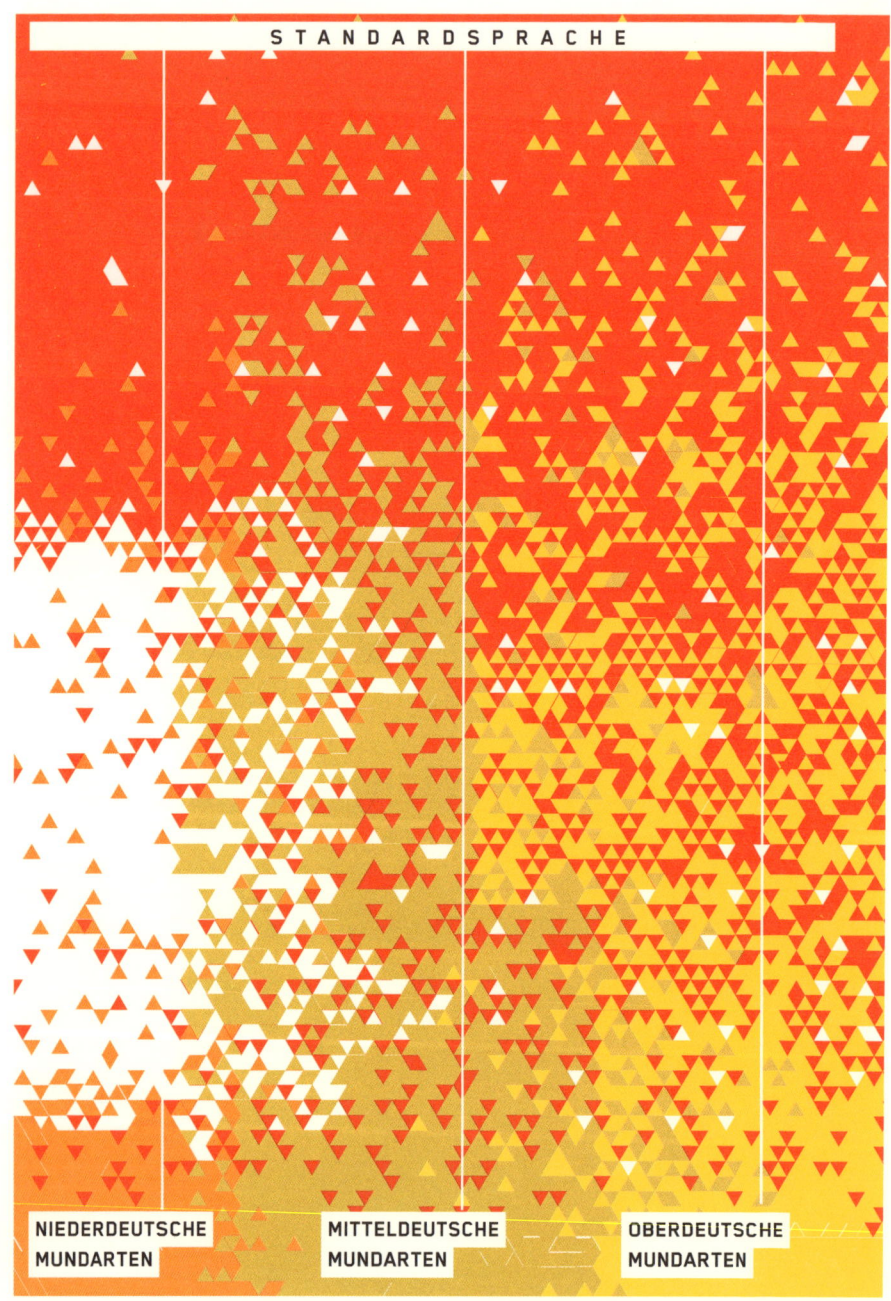

STANDARDSPRACHE

NIEDERDEUTSCHE
MUNDARTEN

MITTELDEUTSCHE
MUNDARTEN

OBERDEUTSCHE
MUNDARTEN

Jede Sprache wird von anderen Sprachen beeinflusst. Eine gesprochene Standardsprache kann es darum nicht geben. Niemand spricht, wie es im Duden steht.

Im Deutschen existiert eine relativ einheitliche Standardsprache, rein theoretisch. Sie hat sich »zum Zwecke einer weitreichenden Kommunikation entwickelt« (König 1994, 135). Dieses »Dachsprache« findet man annäherungsweise als geschriebene Hochsprache. Gesprochen wird jedoch in der Regel eine regional gefärbte Umgangssprache.

Die Begriffe Hochsprache, Umgangssprache und Dialekt scheinen eine Rangfolge auszudrücken, deren Pole sich leicht fassen lassen. Die regional variierenden Umgangssprachen werden sowohl von der Hochsprache als auch von den lokalen Dialekten stark beeinflusst. Häufig sind die Übergänge zwischen der Hochsprache über eine vielfältige Landschaft von Umgangssprachen zu den Dialekten fließend – vor allem im mittel- und oberdeutschen Sprachgebiet.

»Ich spreche eigentlich immer Dialekt/Mundart« sagen:

in Bayern	45%
in Thüringen/Sachsen	37%
in Rhein-Main/Südwest	33%
in Mecklenb.-Vorpommern/Brandenburg/Sa-Anhalt	31%
in Berlin	18%
in Norddeutschland	10%
in Nordrhein-Westfalen	10%

(Deutschen Bevölkerung, Prozent)   Allensbach 2008

Diese dialektale Diversifizierung gilt für jede Sprache, für Hochdeutsch wie für das sprachtypologisch eigenständige Niederdeutsche (vgl. Seite 47 ff.). Während in Mittel- und Oberdeutschland die Übergänge von Mundart über Umgangssprache zur Hochsprache fließend sind, klafft – wie in der Abbildung links dargestellt – in Norddeutschland zwischen niederdeutschem Dialekt und hochdeutscher Standardsprache eine Lücke. Es gibt keinen fließenden Übergang. Wo mittel- und oberdeutsche Sprecher *nur* die Varietät innerhalb *einer* Sprache wechseln, müssen die Sprecher im Norden zwischen zwei Sprachen wählen. Die Entscheidung fällt dabei überwiegend für das Hochdeutsche aus, das eine »größere kommunikative Reichweite« hat (König 1994, 135) – nicht nur geografisch, sondern auch was die Anzahl der Sprechsituationen angeht.

Jeder hat immer verschiedene Möglichkeiten etwas zu sagen: in der Hoch-, in der Umgangssprache oder in der Mundart. Aber das sind nur drei Fächer des vielseitigen Registers an Sprache(n), die uns zur Verfügung stehen. Um etwas zu erreichen, muss man die geeignete »Sprache« (z.B. auch die Ausdrucksweise, Gestik, Mimik, Tonfall, Wortwahl, Darmaturgie etc.) wählen.

UPEN DAT MOOK BUTEN

wollen, daß unsere Busse und Bahnen sauber sind. Machen Sie mit.

Wörtlich übersetzt steht auf dem Aufkleber: »Essen, Saufen, Furzen (auch: Pöbeln), das mach draußen!« Der Slogan bewarb 1996/97 eine Aktion für Sauberkeit in den Bremer Straßenbahnen. Man kann auf Platt eben direkt Dinge ansprechen, die in der Form auf Hochdeutsch vulgär erscheinen würden und deshalb umständlich umschrieben werden müssten. Aber deswegen wurde Platt hier nicht gewählt. Man wollte, dass sich die Menschen in der Bahn angesprochen fühlen und »zuhören«. Das schafft eine regionale Sprache oder ein Dialekt besser als die sachliche Hochsprache.

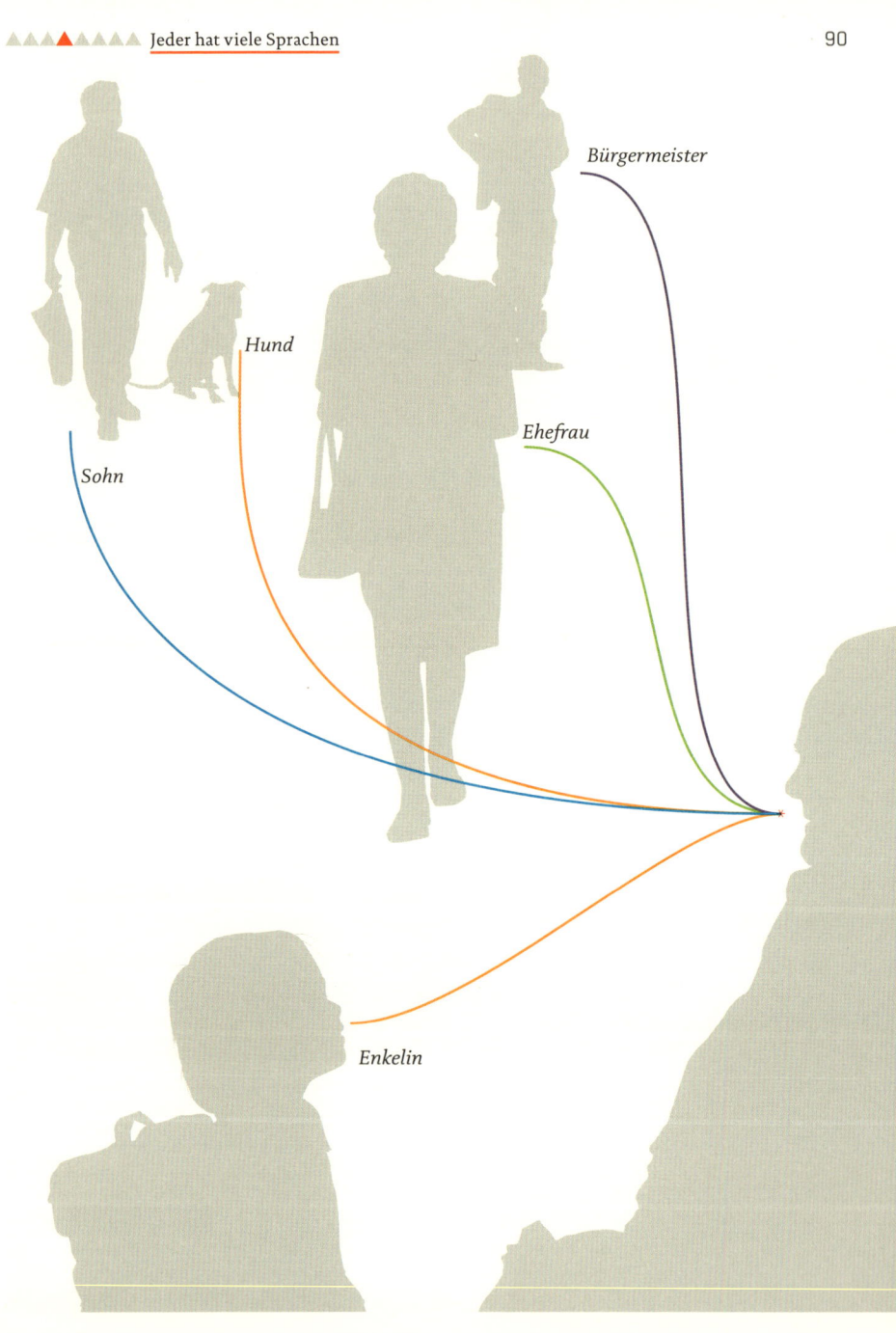

Bürgermeister

Hund

Ehefrau

Sohn

Enkelin

Man denkt nicht über Sprache nach, aber jeder Mensch hat ein Spektrum an »Sprachen«, an Registern. Je nachdem, mit wem man spricht und mit welchem Anliegen und welcher Stimmung man aufeinandertrifft, greift man zu einer bestimmten Ausdrucksform, einem Kode oder einer »Sprache«. Dies betrifft die Wortwahl, den Ausdruck und die Wahl der Sprache bzw. des Dialektes. Man spricht mit dem Bürgermeister anders als mit dem Postboten oder mit der Geliebten. Ebenso spricht ein Angestellter mit seinem Chef anders als mit seinen Kollegen oder ihm selbst Untergebenen.

»Faktoren, die Situation, Rolle und die davon abhängige Sprachwahl bestimmen, sind u.a. die Sprecherzahl, der Rang der Sprecher, der Grad ihrer Vorbereitetheit bzw. Vertrautheit mit der Situation und untereinander, der Öffentlichkeitsgrad und besonders das besprochene Thema.« (König 1994, 133)

Ich bin auf dem Land aufgewachsen, in Norddeutschland. Niederdeutsch gehört hier zum normalen Leben dazu. Im direkten Kontakt mit Nachbarn, Freunden, Verwandten – immer wenn es informell und locker zugeht – wird häufig auch Plattdeutsch benutzt. Sobald es jedoch offiziell wird, auf dem Amt z.B., greift man wieder zur offiziellen Hochsprache. Niederdeutsch hat hier die Funktion einer »Kontaktsprache«.

Die Wahl der Sprache, der Tonlage, der Wortwahl, der Körpersprache etc. ist dabei oft keine bewusste Entscheidung, sondern eine intuitive. Es ist wie ein Mechanismus, dass man die Sprache wählt, in der man am präzisesten und einfachsten kommunizieren kann. Man stellt sich auf sein Gegenüber ein und auf die Botschaft, um die es gerade geht.

Es fällt dagegen merkbar schwerer, eine Sprache gegen die Intuition zu wählen. Als ich begann, Türkisch zu lernen und mit einem deutschen Freund darüber sprach, bat er mich: »Sag doch mal was auf Türkisch.« Wenn ich dann sprechen soll, empfinde ich das als seltsam unnatürlich bis peinlich. Mein Gegenüber kann diese Sprache nicht und sie klingt zwischen uns einfach »falsch«.

Ähnlich ist es bei Plattsnackern, wenn ein Hochdeutscher versucht, mit ihnen auf Anfänger-Platt ins Gespräch zu kommen. Die antworten dann auf Hoch (wenn man Platt lernen will, muss man sie beharrlich immer wieder bitten, doch Platt zu sprechen. Dann gewöhnen sich beide irgendwann dran).

In der deutschen Seefahrt hat Platt die Funktion einer Fachsprache, ob auf Dreimastbarken, Containerriesen oder bei Sportseglern.

Seißel
Stökerfork
Heirieder
Dieme
temmen
döschen
Kaff
Plunder
Sleet

▼

Meihdöscher

Während in der Landwirtschaft die Vielfalt an Begriffen aus kulturellen und technologischen Gründen stark reduziert wurde, hat sich die Sprache der Seefahrt trotz technischen Fortschritts nicht sehr verändert. Die Seemannssprache ist durch die internationalen Besatzungen von vielen Sprachen beeinflusst. Niederdeutsche Entlehnungen sind noch heute wichtiger Bestandteil dieser Fachsprache – und im Soziolekt der Menschen, die mit der Seefahrt zu tun haben allemal. Um sich davon zu überzeugen, muss man nur mal im Hamburger Hafen oder auf St. Pauli spazieren gehen.

Achterdeck
Back
Bug
Fall
Gatt
Heck
Kiel
Koje
Kombüse
Lee
Pinne
Plicht
Pütz
Rahe
Reling
Schott
Smutje
Talje
Tampen
Tide
Topp
usw.

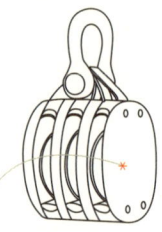

der Topp [mniederd. *top* = Spitze, niederd. Form von Zopf]: Spitze eines Mastes

die Schot [mniederd. *schote*, niederd. Form von Schoß in der Bed. »Zipfel«; von der unteren Ecke des Segels übertr. auf das daran befestigte Tau]

die Plicht [mhd., mniederd. *pliht*, ahd. *plihta* = Ruderbank vorn im Boot, wohl aus spätlat. *plecta* = geflochten(e Leiste)]: Cockpit

der Block [niederd., aus mniederd. *blok* = Holzklotz, -stamm]: Gehäuse aus Holz, Eisen oder Kunststoff mit einer oder mehreren Rollen zur Führung einer Leine

das Schott [mniederd. *schot* = Riegel, Schiebetür, eigtl. = Eingeschossenes, zu schießen]

das Heck [niederd., aus mniederd. *heck* = Umzäunung, Hecke; der Platz des Steuermanns auf dem hinteren Oberteil des Schiffes war früher zum Schutz gegen überkommende Wellen mit einem Gitter umgeben]: hinterster Teil eines Schiffes, Flugzeugs, Autos

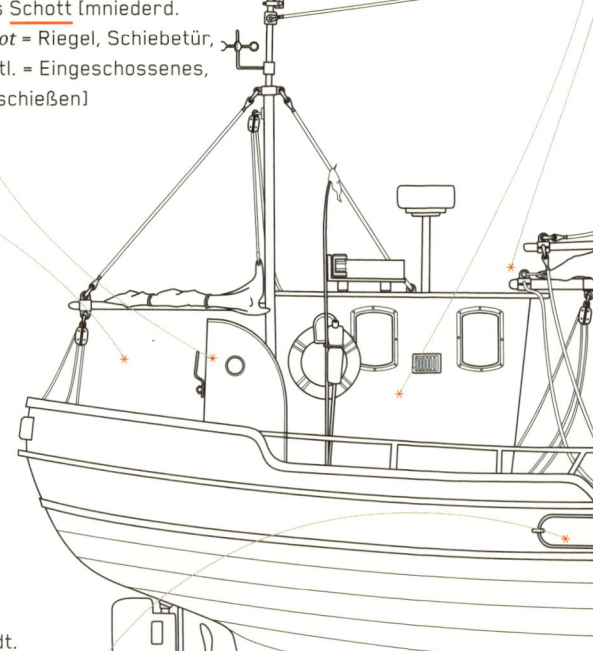

die Winsch [niederdt. *Winsch* = Winde]: Kurbel, Handkran

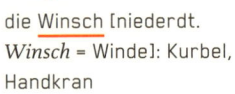

das Gatt / Gat [mniederd. *gat* = Loch, Öffnung]: a) Loch, Öse im Segel (für Tau oder Leine); b) kurz für Speigatt (Öffnung, durch die Wasser vom Deck ablaufen kann)

der Kiel [niederd., aus mniederd. *kil, kel*, wahrsch. verw. mit Kehle im Sinne von »halsförmig Geschwungenes«]

Beispielhafte kleine Auswahl an niederdeutschen
Lehnwörtern in der Seemannssprache.
(Quelle: Duden 2001; Zeichnungen: Philipp Dörrie)

97

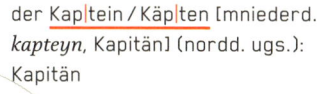

der Kap|tein / Käp|ten [mniederd.
kapteyn, Kapitän] (nordd. ugs.):
Kapitän

die Gaf|fel [niederd., aus
mniederd. *gaffel(e)* = Gabel]:
schräge, um den Mast
drehbare Stange, an der das
Gaffelsegel befestigt wird

der Pal|stek [aus niederd.
Pa(h)l, mniederd. *pål* = Pfahl
u. *Stek*]: »Pfahl-Knoten«, wird
beim Festmachen über einen
Pfahl oder Poller gesteckt
oder über diese gelegt oder
geworfen

die Klü|se [aus niederd. *Klüüs*
= Auge, aus dem Niederl.]:
verstärkte Öffnung in der
Bordwand, dem Schanzkleid
oder dem Deck eines Bootes
oder Schiffes zur Durchfüh-
rung von Ketten, Leinen oder
Trossen

die Re|ling [niederd. *regeling*,
zu mniederd. *regel* = Riegel,
Querholz]: Geländer, das das
Deck eines Schiffes umgibt

der Ste|ven [...vn], [mniederd.
steven, eigtl. wohl = Stock,
Stütze]: ein Schiff nach vorn
u. hinten begrenzendes
Bauteil, das den Kiel nach
oben fortsetzt

die Bo|je [niederd. *boye*,
aus mniederl. *bo(e)ye*, aus
afrz. *boie*, aus dem Germ.]:
verankerter Schwimmkörper,
der als Seezeichen oder zum
Vertäuen von Schiffen dient

Seglersprache

RUDERGÄNGER: Warschau! Wir machen jetzt mal eine Wende, um uns in die Förde zu lavieren. Mal achtern alles aufklaren, sodass ich hier die Pinne bewegen kann. *(Es kommt Bewegung ins Boot.)* Die Schoten besetzen. Backbords Fockschot schon mal dichtholen. Die Großschot nach der Wende gleich ein bisschen rausfieren, damit das Segel nicht killt. *(Ein Blick auf den Verklicker, er drückt die Pinne zum Segel und luvt an.)* Klar zur Wende!

ALLE: Ist klar!

RUDERGÄNGER: Ree! Über die Fock!

VORSCHOTER: Hey, nicht auf der Leeseite sitzen bleiben, du Buddelschipper! *(Smutje hat gepennt und wäre beinahe außenbords gegangen.)*

SMUTJE: Das war knapp, wir haben heute aber auch 'ne Brise.

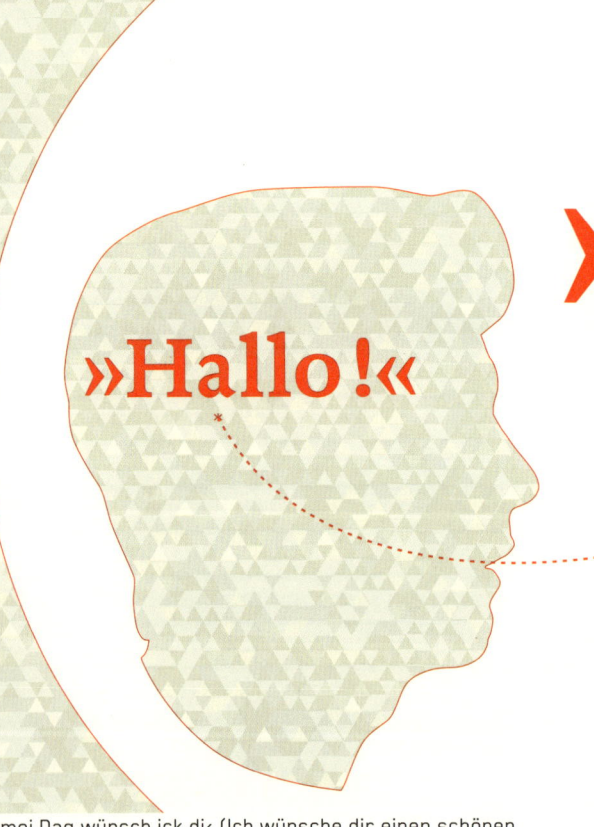

»Hallo!«

»M

*»›Een moi Dag wünsch ick di‹ (Ich wünsche dir einen schönen
Tag). Moin [ostfries. moi, mniederd. moi(e) = schön, angenehm,
gut] (nordd.): Grußformel […].« Duden 2006
Übrigens: Der niederdeutsche Abschiedsgruß »Tschüs« geht
auf das Französische »á dieu« (=bei Gott/Gott befohlen)
zurück. Geläufig ist noch die ältere Form »atschüüs/adjüüs«.

Die Bedeutung von Worten ist willkürlich. Sie wird jeweils innerhalb von Systemen, die wir Sprachen nennen, kodiert. Wenn zwei Menschen nicht über den gleichen Sprachkode verfügen, kann der Empfänger die Botschaft nicht richtig entschlüsseln.

Fatal wird es, wenn die Gesprächspartner sich dessen nicht bewusst sind, dass sie mit verschiedenen Kodes arbeiten. Dann kommt es zu Irritationen oder Missverständnissen.

» ›Alma‹, sach ich, ›du pascha al wieda nich auf. Giescha die Mölch beizu!‹ Was sacht doch die doove Jette? Ich soll mir man nich ümma so haben.« (Kreye 1984)

Sowas (siehe links) kriecht man in Hamburg, Bremen und umzu mannichmal zu hören: »Missingsch«. Das ist ein plattdeutsches Wort und heißt »aus Messing«. Messing ist eine Legierung aus Kupfer und Zink, und wenn man »Missingsch« spricht, ist damit eine Legierung aus Hochdeutsch und Platt-deutsch gemeint (etym. geht es auf *Meißnerisch* zurück. Damit meinen die Niederdeutschen die »Meißnerische Kanzlei«, den Vorläufer der heutigen Schriftsprache). Dieser stark niederdeutsch gefärbte Regiolekt des Deut-schen wird in Küstennähe häufig gesprochen.

Merkmale des Missingsch:

→ der falsche Kasus (*schäm dir was*);

→ eine assimilatorische Verschleifungen (das ist ja → *dascha*; von der (eig. die) → *vonnie*; an dem → *annen*; du musst ja nicht → *muscha nich*);

→ die silbendehnende Tilgung eines postvokalen »r« (waren → *wahn*; *ein paa*; *Fäänsehn*; *ganich*; *nomal*; *Gegenwaht*; *modän*);

→ die verbale Erweiterung mit »tun« (*wennu ... bekuken tust*);

→ das Universal-Relativum »wo« (*die Dame, wo den verkaufte*);

→ die Palatalisierung (jünger → *schünger*; jetzt → *schezz*; ja → *tscha*);

→ die Auslassung des -t in 2. und 3. Person Singular (u.a.) ([du] *glaubs*, [du] *weiß*, [was] *heiß* [aber: *sacht* sagte], *häng* [sie] *hängt*;

→ man s-tolpert über den s-pitzen S-tein. »s« und »t« sowie »s« und »p« werden fein säuberlich getrennt. Ebenso »sch-p« und »sch-t« in Fremdwörtern (*Proschpeck*, *Schtaatssekretär*; vgl. auch *Revolutschon*);

→ s-Plural (mit Doppelmorphem: *Augens, Männers, Meinungens, Sachens* ...)

»›Du bischa al do?‹ sagte die Prinzessin – zur grenzenlosen Verwunde-
rung des Taxichauffeurs, der dieses für Ostchinesisch hielt. Es war aber
Missingsch.   Missingsch ist das, was herauskommt, wenn ein
Plattdeutscher Hochdeutsch sprechen will. Er krabbelt auf der glatt
gebohnerten Treppe der deutschen Grammatik empor und rutscht
alle Nase lang wieder in sein geliebtes Platt zurück. Lydia stammte aus
Rostock, und sie beherrschte dieses Idiom in der Vollendung. Es ist
kein bäuerliches Platt – es ist viel feiner. Das Hochdeutsch darin nimmt
sich aus wie Hohn und Karikatur; es ist, wie wenn ein Bauer in Frack
und Zylinder aufs Feld ginge und so ackerte. Der Zylinder ischa een
feinen staatschen Haut, över wen dar nich mit groot worrn is, denn
rutscht he jümmer wedder aff, dat deiht he.« Tucholsky 1950, 11 f.

Sitten gahn schallst du iers,
Plattdeutsch
wenn de Vadder dor is.

Sitzen gehen schallst du erst,
Missingsch
wenn de Vadder da is.

Du sollst dich erst hinsetzen,
Hochdeutsch
wenn der Vater da ist.

(Näser 1998)

In neuerer Zeit wurde Missingsch bundesweit bekannt durch die Fernseh-übertragungen aus dem Ohnsorg-Theater. Normalerweise spielt man hier auf Platt, aber wenn das Fernsehen dabei ist, wird Missingsch gesprochen, damit auch Süddeutsche eine Chance haben, etwas zu verstehen. Die denken nun, das, was sie da hören, *sei* Platt.

Manchmal werden auch überregionale Filme auf Platt gesendet, wie z.B. der ARD-Tatort *Watt Recht is, mutt recht bliewen* (Nr. 136, NDR) von 1982. Dieser spielte in Dithmarschen, und fast jeder Dialog war auf Plattdeutsch. Deshalb wurde dieser Tatort (als einziger!) komplett untertitelt. Aber das ist ein anderes Thema.

Missingsch kann allerdings kein Bildungsziel sein. Die Sprecher können die Ausgangsprachen i.d.R. nicht voneinander trennen. Sie haben nicht die Wahl zwischen Hochdeutsch und Niederdeutsch, sondern ihre Sprache ist einfach eine dritte, eben Missingsch. Betrachten wir deshalb im Folgenden ein Beispiel, in dem Hoch und Platt nebeneinander vorkommen.

Lang mi mol de Melkkann.
Plattdeutsch

Lang mich ma die Kanne Mölch.
Missingsch

Gib mir bitte das Milchkännchen.
Hochdeutsch

96

Ein selbstverständlicher, alltäglicher Dialog in zwei bis drei Sprachen.

Ähnlich wie zwischen Werner und seinem Meister verläuft die Kommunikation zwischen meiner Mutter und ihrer Mutter. Für meine Oma ist Plattdeutsch nach wie vor ihre Erstsprache, in der sie sich am besten ausdrücken kann. Sie kann Hochdeutsch aber problemlos verstehen.

Meine Mutter hingegen ist überwiegend mit Hochdeutsch auf-gewachsen, auch wenn ihre Sprache stark vom Niederdeutschen gefärbt ist. Sie kann sich besser auf Hochdeutsch verständlich machen, kann aber ihrerseits Plattdeutsch ohne Weiteres ver-stehen.

Wenn sich die beiden Frauen also angeregt unterhalten, spricht jede in ihrer Erstsprache. Dass sie unterschiedliche Sprachen verwenden, ist ihnen dabei gar nicht bewusst. Nur der Außen-stehende, der möglicherweise nur der einen Sprache mächtig ist, stutzt – und wird nur einer Hälfte der Konversation folgen können.

Meine Großmutter ist zweisprachig.

»›Wer Plattdeutsch spricht, schneidet beim Pisa-Test besser ab‹, sagt Reinhard Goltz vom Institut für niederdeutsche Sprache. […]_____ Was Bayern und Schwaben recht ist, kann den Hamburgern und Bremern nur billig sein. Besonders, wenn es um Pisa geht. […] [Wer] Schwäbisch oder Bayerisch spricht, der ist auch besser in der Schule, sagt der Vorsitzende des deutschen Philologen-Verbandes, Heinz-Peter Meidinger. Und was für Dialekte aus den Südstaaten gilt, muss auch für das Plattdeutsche gelten, sagt der Geschäftsführer des Instituts für niederdeutsche Sprache (INS) in Bremen, Reinhard Goltz._____Wer Platt snacke, tue sich auch in Deutsch oder Mathe leichter. ›Das ist wie Jogging fürs Gehirn‹, sagt Goltz. Es sei intellektuell fordernd, trainiere die Auffassungsgabe und das abstrakte Denken. Erfüllt also den gleichen Zweck wie das Lateinische. Das wollten uns unsere Eltern mit eben diesem Argument schmackhaft machen. Und Platt hat den Vorteil, eine lebendige Sprache zu sein._____Meidinger weist darauf hin, ›dass Dialektsprecher schon früh lernen, zwischen verschiedenen Sprachebenen zu unterscheiden‹. Anders gesagt: Wer nur des Hoch-deutschen mächtig ist, muss sich nie Gedanken über seine Sprache machen._____Genau diese Reflektionen aber sind es, die Südstaatler klug machen: Der Rang der Bundesländer bei der zweiten nationalen Pisa-Studie, so Goltz, ›steht in unmittelbarem Zusammenhang mit der Verbreitung von Bayerisch oder Schwäbisch.‹_____Auch die nord-deutschen Schulen tun wenig zur Förderung des Platt. In Hamburg sieht der Lehrplan für Deutsch gerade mal einen einzigen plattdeut-schen Text pro Jahr vor. In den anderen norddeutschen Bundesländern sieht es noch schlechter aus._____Wie das endet, hat eine Studie aus Oldenburg herausgefunden. Dort verglich man Deutschaufsätze von Dritt- und Sechstklässlern. Ergebnis: Kinder, die plattdeutsch auf-wachsen, machen fast ein Drittel weniger Fehler. […]« (taz bremen 2005)

»[In mehreren] Einzelstudien reagierten die zweisprachigen Versuchspersonen, die jeweils seit ihrem zehnten Lebensjahr täglich eine zweite Sprache benutzt hatten, wesentlich schneller als die einsprachigen und ließen sich weniger stark von überflüssigen Informationen ablenken. Die Wissenschaftler vermuten, dass die Zweisprachigkeit bis ins hohe Alter die Bewältigung vieler verschiedener, komplexer kognitiver Aufgaben fördert, da ständig beide Sprachen im Gehirn getrennt werden müssen und so gleichzeitig eintreffende Informationen besser verarbeitet werden.« (spektrumdirekt 2004)

Wer in zwei (oder mehr) Sprachen täglich zu Hause ist, muss ständig umschalten und trainiert dadurch sein Gehirn. Das ist das eine. Hinzu kommt, dass Kinder neue Sprachen spielend lernen. Deshalb ist es sehr sinnvoll, ihnen schon ab dem frühen Kindesalter Fremdsprachen beizubringen. So lernen sie das Lernen besser. Und sie wachsen auf mit einer interkulturellen Kompetenz. Voraussetzung: viele, gut geschulte Lehrerinnen und Lehrer.

Früher war Mehrsprachigkeit selbstverständlich (zumindest
in bürgerlichen Kreisen). Der alte Buddenbrook, erfolgreicher
Kaufmann, Kosmopolit mit norddeutschen Wurzeln und
höchst angesehener Bürger zu Lübeck, wechselte fließend
zwischen mehreren Sprachen:

»›Sie sind zu streng, Papa. Warum sollte man in diesem Alter über

dergleichen Dinge nicht seine eigenen wunderlichen Vorstellungen

haben dürfen!‹_____›Excusez, mon cher! Mais c'est une folie!

Du weißt, dass solche Verdunkelung der Kinderköpfe mir verdrüß-

lich ist! Wat, de Dunner sleit in? Da soll doch gliek der Dunner

inslahn! Geht mir mit eurer Preußin!‹_____Die Sache war die, dass

der alte Herr auf Ida Jungmann nicht zum besten zu sprechen war.«

(Mann 1900, 9)

»Im März 2002 haben die Staats- bzw. Regierungschefs der Europäischen Union bei ihrem Treffen in Barcelona den Unterricht von mindestens zwei Fremdsprachen ab der frühen Kindheit gefordert. Langfristig verfolgt die Kommission das Ziel, die individuelle Mehrsprachigkeit zu fördern, bis alle Bürger/-innen zusätzlich zu ihrer Muttersprache über praktische Kenntnisse in mindestens zwei weiteren Sprachen verfügen.« (EU-Rat 2005)

Dieser Ansatz gründet auf der Selbstauffassung der Europäischen Union, eine respektvolle »Einheit in Vielfalt« und keinen kulturellen »Schmelztiegel« schaffen zu wollen. Diese idealistisch anmutende Idee hat handfeste Hintergründe. Die EU will die Energie und den Reichtum der Vielfalt umsetzen und eine gesunde, multinationale Wirtschaft auf der Basis von Mehrsprachigkeit und interkultureller Kompetenz seiner Bürgerinnen und Bürger aufbauen.

Europa, und Deutschland ganz besonders, ist ein Kontinent bzw. ein Land, dessen wirtschaftliche Kraft weniger in Rohstoffreichtum als vielmehr in Kultur, Wissenschaft und Technik liegt. Wenn das unentwegte »Sprachenlernen« zur Selbstverständlichkeit wird, ist dies die Basis für eine andere Einstellung zum Lernen, zu Bildung und zur Wissenschaft. Hinzu kommt, dass man mit einer weiteren Sprache auch etwas über eine weitere Kultur lernt. Jeder Einzelne kann seine eigene kulturelle Identität wahren und bereichern.

Die zunehmende politische Akzeptanz der niederdeutschen Sprache zeigt sich u.a. in den Ortsschildern in Norddeutschland, die immer öfter zweisprachig sind: Hoch- und Plattdeutsch (manchmal auch noch Dänisch oder Friesisch). Die EU-Charta für Minderheiten- oder Regionalsprachen hat diese Entwicklung sicherlich unterstützt.

Der Austausch von Kulturen nimmt Fahrt auf. Das babylonische
Sprachengewirr gewinnt zunehmend an Interesse, weil wir heute
im »globalen Dorf« einen viel intensiveren Kontakt zu Menschen
mit anderen Sprachen haben. Die Welt scheint zu schrumpfen,
und die Kulturen rücken zusammen. Das hat Auswirkungen
auf kulturelle und sprachliche Entwicklungen genauso wie auf
die Wirtschaft, auf Politik oder Religion. Deshalb ist es an der
Zeit, nach neuen Wegen im Umgang miteinander zu suchen. Wie
verändert das unsere Sprache(n)? Wie klappt die interkulturelle
Kommunikation? »Denn wie und in welcher Sprache soll die
interkulturelle Kommunikation [...] stattfinden? Wie vermag sie
einerseits so universell zu sein, dass jedermann an ihr teilneh-
men kann, und wie kann sie andererseits den Besonderheiten der
einzelnen Sprachen und Sprecher gerecht werden?« (Wider die
Einfalt 2006)

Ein wichtiger Schlüssel hierbei ist die Mehrsprachigkeit.

»In der heutigen Welt können wir es uns nicht leisten, in der Isolation zu leben. Darum sollte man drei Sprachen haben: eine regionale[I], eine nationale[II] und eine internationale[III].«

Indira Gandhi

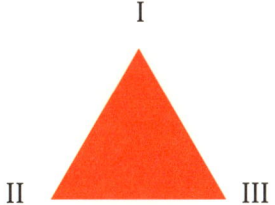

(Für mich wären das Plattdeutsch, Hochdeutsch und Englisch.)

Geschichte, Politik, Kultur

'n beten scheef
hett Gott leef.

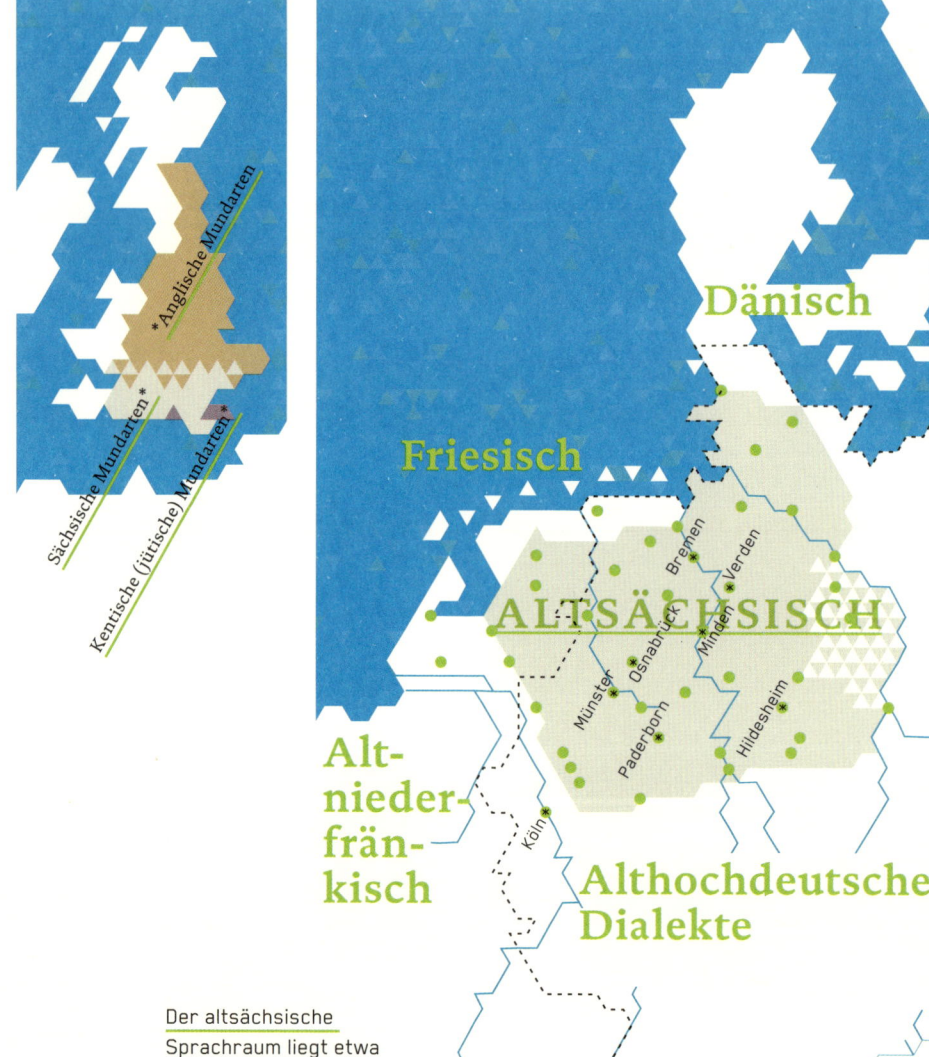

* Anglische Mundarten

Sächsische Mundarten *

Kentische (jütische) Mundarten *

Dänisch

Friesisch

ALTSÄCHSISCH

Bremen

Verden

Osnabrück

Minden

Münster

Paderborn

Hildesheim

Köln *

Alt-
nieder-
frän-
kisch

Althochdeutsche
Dialekte

Der altsächsische
Sprachraum liegt etwa
auf dem Gebiet des
heutigen Bundeslandes
Niedersachsen.

lawisch

Die Sachsen (lat. *Saxones*) waren ein westgermanischer Stamm, der sich im 2. und 3. Jahrhundert an der Nordseeküste bis zum Niederrhein ausdehnte. Im 4. Jahrhundert war das Elbe-Weser-Dreieck das Kernland der Sachsen. Seit Beginn des 5. Jahrhunderts wanderte ein Teil der Sachsen mit Angehörigen der germanischen Stämme der Angeln und Jüten nach Britannien aus. Unter Führung der beiden Sachsenfürsten Hengest und Horsa vertrieben sie dort die römischen Truppen und brachten Britannien unter ihre Herrschaft. Mittel- und Südengland wurde in der Folgezeit von den Angelsachsen besiedelt.

Im 6. bis 8. Jahrhundert gab es immer wieder kriegerische Auseinandersetzungen der auf dem Kontinent verbliebenen »Altsachsen« mit den Franken. Infolge der Sachsenkriege (772–804) wurden die heidnischen Sachsen schließlich von Karl dem Großen unterworfen und dem Fränkischen Reich eingegliedert. Erst nun wurden die Sachsen missioniert.

Die Sprache der Sachsen (und zu Beginn auch der Angelsachsen) war, wie Wissenschaftler es heute nennen, das »Altsächsische«, auch »Altniederdeutsch« genannt. Dies ist die älteste fassbare Stufe des Niederdeutschen. Belegt ist es vor allem durch die Bibelepen *Heliand* und *Genesis* aus dem 9. Jahrhundert. Die Vorstufe des Altniederdeutschen gehört mit Altenglisch und Altfriesisch zur nordseegermanischen Gruppe der indo-germanischen Sprachen (s. Seite 34 f.).

»Das eigentliche Altniederdeutsch beginnt mit dem Einsetzen der niederdeutschen Schriftdenkmäler um 800 und endet ca. 1100 bis 1150. Danach klafft bis zum Beginn der mittelniederdeutschen Überlieferung im 13. Jahrhundert eine Lücke von 100 bis 150 Jahren, in der in Norddeutschland lateinisch geschrieben wurde.« (Niebaum 1986, 12)

Übrigens: Im heutigen Bundesland Sachsen lebten nie Leute vom Stamm der »Sachsen«, oder nur ganz wenige. Die frühere Mark Meißen war in der Welfenzeit ein Teil des Herrschaftsgebietes der sächsischen Fürsten und übernahm später den Namen.

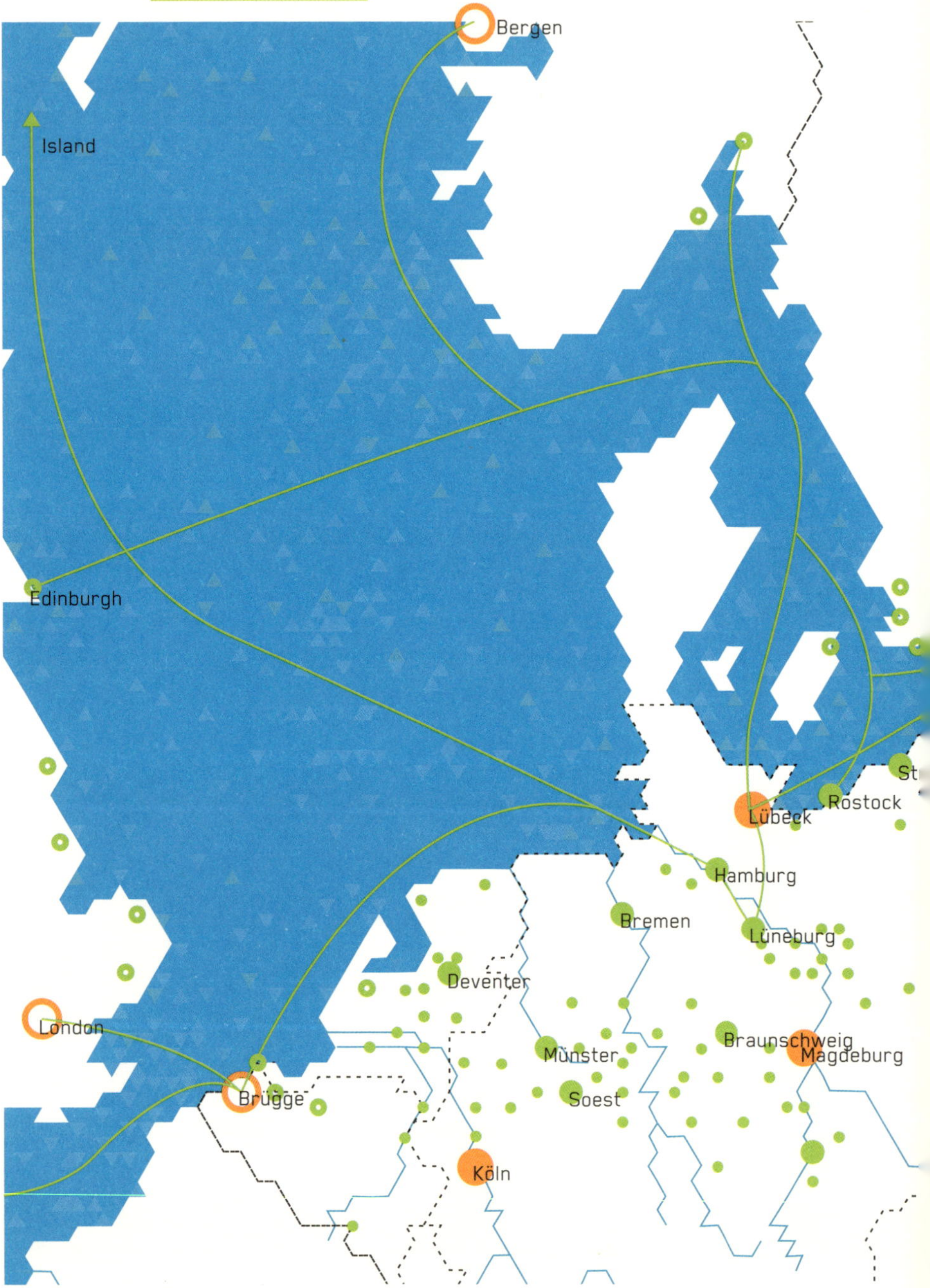

Bergen

Island

Edinburgh

Rostock

St

Lübeck

Hamburg

Bremen

Lüneburg

Deventer

London

Braunschweig

Magdeburg

Münster

Brügge

Soest

Köln

Weltsprache in der Hansezeit

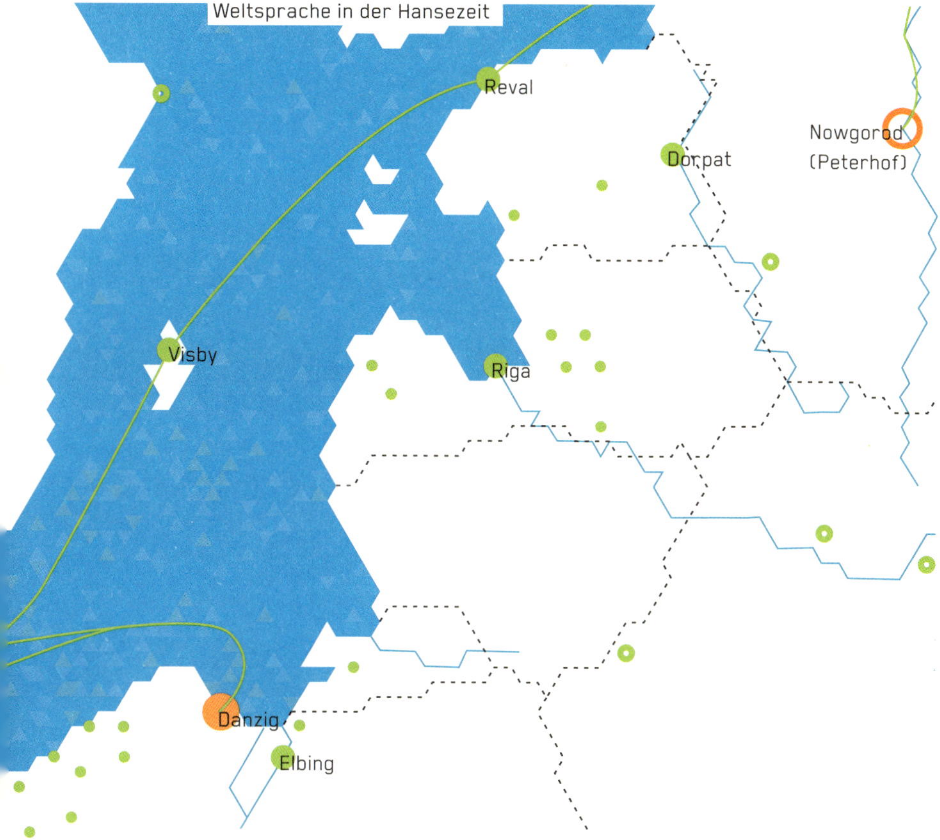

Reval

Dorpat

Nowgorod
(Peterhof)

Visby

Riga

Danzig

Elbing

Von etwa 1350 bis 1550 war die Hanse die wirtschaftlich und politisch vorherrschende Macht in Nordeuropa. In dieser Blütezeit war Mittelniederdeutsch die »Lingua franca« des gesamten Nord- und Ostseeraums. Sie diente als offizielle »Sprache des Rechts, des Handels und der Diplomatie, und […] erreichte den Status einer Kultursprache von Weltrang«. (Möller 1997, 23)

Breslau

Krakau

- ● Hauptorte über 20 000 Einwohner
- ● Mittelstädte 10 000–20 000 Einwohner
- ● Kleinstädte unter 10 000 Einwohner
- ○ Hauptkontore im Ausland
- ⊙ Handelshöfe, Niederlassungen
- — Hauptverkehrs- und Handelsrouten

Der Sprachraum des Mittelniederdeutschen hat sich gegenüber
dem Altniederdeutschen erheblich ausgedehnt, vornehmlich
im Osten, Norden und Nordwesten. Auslöser hierfür waren die
Ostsiedlung des 12. bis 14. Jahrhunderts sowie die Ausstrahl-
kraft des Hansebundes.

Es gibt nun ein wesentlich breiteres Spektrum an überlieferten
Texten. In der Versdichtung blieb zunächst das Mittel-
hochdeutsche Vorbild. Das Niederdeutsche konnte nur dort
schriftsprachliche Funktionen übernehmen, wo es bisher keine
hochdeutschen Vorbilder gab: in der Prosa. Erste Höhepunkte
mittelniederdeutscher Schriftlichkeit sind im 13. Jahrhundert
juristische (*Sachsenspiegel*), historische (*Sächsische Weltchronik*)
sowie religiöse Prosatexte. Wahre Pionierarbeit in der
Sprachbildung leistete hier vor allem Eike von Repgow mit dem
Sachsenspiegel. Da bisher alle Gesetzestexte in lateinischer
Sprache abgefasst worden waren, gab es für ihn keinerlei
Vorbild. Die Orthografie sowie den Prosastil musste er erst
entwickeln.

Mitte des 14. Jahrhunderts setzte sich die niederdeutsche
Sprache auch im Urkundenwesen mehr und mehr durch. Mit
dem Aufkommen einer bürgerlichen Schriftlichkeit erlangte das
Mittelniederdeutsche allmählich überregionale Reichweite.

Diese »Hansesprache« war jedoch bei weitem nicht so homo-
gen, wie weithin angenommen wurde. Die Sprache Lübecks galt
zwar als »Standard«, der Einfluss nahm jedoch mit wachsender
Entfernung von Lübeck ab. In Westfalen war er z. B. viel
geringer als in Hamburg. Außerdem handelte es sich um eine
Schriftsprache, die zum Teil erheblich von der gesprochenen
Volkssprache abweichen konnte.

Der Schild des Bremer Rolands ist ein plakatives politisches Attribut.
Das Reichswappen mit dem kaiserlichen Doppeladler und die mittelniederdeutsche Inschrift verkünden Bremens Status als »freie Reichsstadt« –
auf Mittelniederdeutsch.

De keyser

:ad god vñ alle mi
ghē patronen My
et tc doet enwil mi
cht schonen So we
effte my dat herte
urften Dar vmme
ick ghefant na vef
rften De dar fynt
ren in velen arfte;
Effte fe dath uim;
· kontc vlyen Dat
euent mochte léger
.n beholt Dar vme
nicht ghefparet fil
re gholt Den my
et al lethe ick halen
rfte vth greken Vñ
e ick tho my nemen eyne hele appoteke
vere myt,my altes nicht ghewert
adde ick myne:1 ftact to tcm beften ghekert
ciftene köninge,hartige vntc greuen
en fyk alle to mynem tcnfte gheuen
alle tcr meenheyt tc vntcr en fyn befeten
hadde ick my grotes dinges vormeten
1krifte to vonolgē alze ik dat hebbe ghefworen
k to eynem keyfer wart ghekoren
nigerleye bitter klaghe is vor my ghekomē
e ick tc gherichtet vntc nicht ghetögert dat mochte
ych vromen
x dn bift barmhertich dat is wys
arme dy myner wente id nu tc r echte tyd is

Des dodes dantz.
Lübeck 1496

»Der Aufstieg der Hanse hatte [Anfang des 13. Jahrhunderts] auch das Aufblühen einer mittelniederdeutschen Dichtung in engerem Sinne zur Folge.« (Niebaum 1986, 20)

De doet

O Her keyfer du wereſt
ghekoren to eyneme he
ren De criſtenheyt tho
vorſtaen vnde to regerē
Adyt deme ſwerde d̅ re
chtferdicheit To holden
de hylghē kerken in eyn
drechticheyt Alle vnkri
ſten to hebben in hathe.
Se to voruolghe dat to
ghebōret dyneme ſtate.
Den tyrannē to ſturen
de dar ſyn vorbolge De
de ghuden criſten ſo ſere
voruolghen Men dattu
mochteſt to hope leggē
van golde eynen ſchat Dar vp heſtu dyn herte gheſath.
Sus heſft gyricheit vnde houardye dy vorblent
Dattu dy ſuluen nicht heſtt ghekent
Wente yo hogher ſtaet io mer d̅ ōgede dar by ſcholē weſen
Alze otmodicheyt. barmhertichheit dar mē vele mach van
leſen
Jn deme hilgē ewangelio dar ihefus criſtus vnſe here
Dan deſſen vnde vā allen dōgheden mere
Heſft gheſproken vnde ock ſuluē bewyſet in den werken.
Uppe dat criſtus de hogheſte prelate mochte ſterken
Alle prelaten vor dy vn de na dy komen vort
Heſtu di dar na vlitich gherichtet ſo werſtu hore eyn gne
dich wort
Wā gode dem du alle dynck to derrekenſchop moſt bringē
Gha haſtighen vort. biſtu alzus gherecht ſo ſchal dy wol
abelingen

Neuere Untersuchungen haben gezeigt, dass die Reformation und der Buchdruck nicht zum Wechsel der Schriftsprache beigetragen haben. Während der Reformation war es sogar eher zu einer Festigung des Niederdeutschen gekommen. Der Buchdruck diente vielmehr als Barometer für den Stand der Entwicklung des Hochdeutschen. Die meisten Wechsel vom Nieder- zum Hochdeutschen sind zwischen 1540 und 1560 zu beobachten gewesen.

Übrigens: Johannes Bugenhagen, ein Weggefährte Martin Luthers, überträgt 1533/34 die Bibel auch ins Mittelniederdeutsche – nur zehn Jahre, nachdem Luther die erste deutsche Übersetzung veröffentlicht.

Im 16. Jahrhundert büßt das Mittelniederdeutsche seinen Schriftsprachen-
status ein. Gründe für den Sprachwechsel zum Hochdeutschen sind der
Niedergang der Hanse, das Erstarken der Territorialfürsten und das
zunehmende politische, ökonomische sowie kulturelle Übergewicht des hoch-
deutschsprachigen Raumes, außerdem die Orientierung am römischen Recht
und die Auswirkungen des Humanismus.

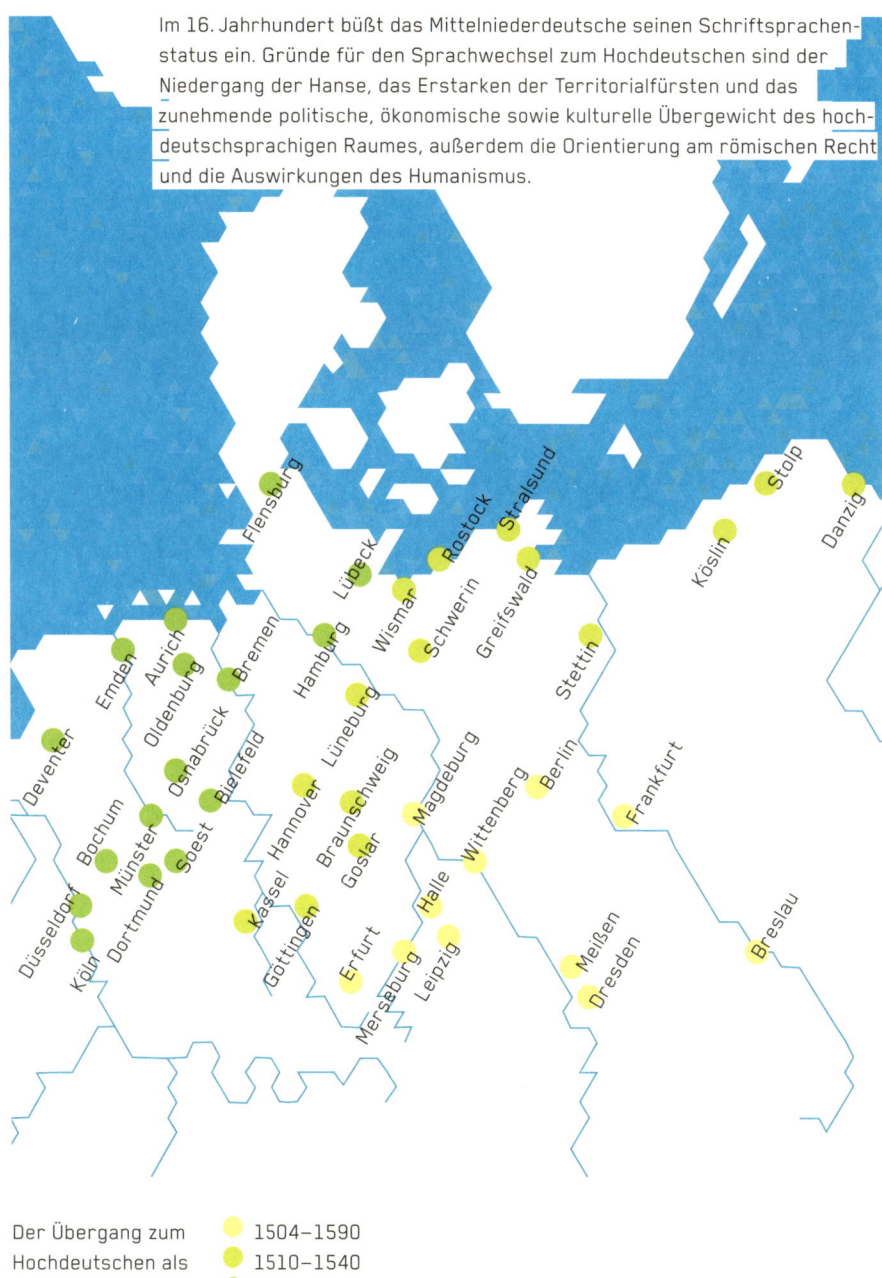

Der Übergang zum   ● 1504–1590
Hochdeutschen als   ● 1510–1540
Schriftsprache: ● 1530–1700

Ein letztes Aufbäumen in der Literatur ist 1634 mit »Veer Schertz Gedichten« von Johann Laurembergs zu verzeichnen. Er »wendet sich darin gegen die in seiner Heimat weit verbreitete Meinung, das Niederdeutsche sei dem Hochdeutschen gegenüber etwas Minderwertiges, und er gibt uns damit ein wertvolles Zeugnis für die damalige Sprachsituation«. (Niebaum 1986, 21) Mit ihm endet jedoch die Epoche der *mittel*niederdeutschen Literatur.

DAT DRÜDDE SCHERTZ-GEDICHTE

Van Almodischer Sprake und Titeln
Vam meisten deel der Minschen de nu leven,
Vel idel Waen und Dorheit werd bedreven,
Doch des bin ick versekert und gewis,
Dat van den allen keine Dorheit gröter is,
Als dat einer van Dorheit wil spreken,
Vnd einem andern sine Dorheit wil her reken,
Dar he doch sülvest is de gröteste Geck,
Vnd hefft mehr als andere, Dorheit und Gebreck.
Nicht grote Wyßheit is bi dem, kan ick erachten,
De sick ergert an den velen nien Drachten,
Vnd segt dat van Kledern altydt wat nies kümpt,
Vnd alle Jahr man eine andre Mode vernimpt.
De Mening is nicht goet: my dünckt de sülkes reden,
Den is Verstand und Sinn gantz uth dem Koppe gleden.
Denn alles wat men nu vör nie Mode holt,
Dat is gewesen all vor velen Jahren olt.

…

Johann Lauremberg:
Niederdeutsche Scherzgedichte
(Erstdruck 1652), Halle 1879.

Im 17. und 18. Jahrhundert begann der soziale Abstieg der niederdeutschen Sprache. Nach und nach übernahmen alle wichtigen gesellschaftlichen Bereiche das Hochdeutsche als Schriftsprache: zuerst die Universitäten und der gesamte Bildungssektor, etwas später die Kanzleien und schließlich auch die Kirche. Damit gab es im öffentlichen Sektor keine niederdeutsche Schriftlichkeit mehr.

Auch im literarischen Bereich wurde Mittelniederdeutsch zunehmend von Hochdeutsch abgelöst. Gelegentlich traten in hochdeutschen Dramen die einfachen Gestalten oder die Gegenspieler des Helden mit plattdeutscher Mundart auf. Ansonsten wurde das Niederdeutsche lediglich noch für familiäre Texte wie Hochzeitsgedichte oder publizistische Schmähschriften benutzt. Hieraus entwickelte sich auch das Vorurteil, dass die niederdeutsche Sprache nur für grob-humoristische Inhalte geeignet ist (Niebaum 1996, 21). Letzten Endes blieben für das Niederdeutsche nur wenige Nischen übrig: die Familie und das Arbeitsumfeld, vor allem in ländlichen Gegenden. Ein hochdeutscher Standard entwickelte sich allmählich aus der Notwendigkeit heraus, sich überregional einheitlich verständigen zu können. Eine wichtige Rolle spielten dabei der Handel und wirtschaftliche Verflechtungen. Zuerst setzte sich Hochdeutsch bei der Oberschicht durch. Später waren auch mittlere Schichten aus der Verwaltung gefordert, sich in der Standardsprache auszudrücken.

Als Umgangssprache der unteren sozialen Schichten hat sich Plattdeutsch gehalten. Nur geschrieben wurde es über Jahrhunderte hinweg kaum.

denn en beten fihr verlegen herümmer, säd' œwer niç dortau,
wil hei nich wüßt, wat hei dortau seggen süll. — Dat was
œwer ok ganz glikgültig, denn de Herr Notorjus führte in sin
Fohrwater wider un kamm em neger: „Aber, Gott sei Dank!
ich habe nicht immer mit solchen Lumpen zu tun, der Kerl ist
'ne Ausnahme. — Und da wir nu doch zufällig von Geldge-
schäften reden" — hier treckte hei sin Taschenbauk herut —
„so erlauben Sie mir wohl, Ihnen Ihren Wechsel zurückzuge-
ben," un dorbi höll hei em den Wessel œwer 830 Daler
hen, un de Rottenuhren, de spitzen sik, un ut dat gelgrise Gesicht steeken de grisen Ogen herut, un üm de drögen Lippen
flog so 'n Smäustern,[42] as wenn sin Ebenbild Speck rüken
deit. — Uns' arm Leutnant namm den Wessel un versöchte, den
Mahner dörch en glikgültigen Schin von sik aftauwehren.
Ja, säd' hei, hei süll em man wedder an sik nehmen, hei wull
't em schiden; hei wir hier so plötzlich her reist, un de Veran-
lassung tau de Reis' wir so trurig west, dat hei an so wat
nich hadd denken künnt. — Ja, antwurt'te de Herr Notorjus,
dat glöwte hei em, denn hei wüßt dat an sik sülwen, as sin
Vader storben wir, de Minsch dachte denn an niç, as an sinen
Verlust — un dorbi makte hei so 'n leidig[43] Gesicht, dat de
Leutnant wedder frischen Maut kreg — œwer, säd' de Notorjus, hei hadd in de letzte Tit ümmer an desen Wessel dacht un
denken müßt, denn hei hadd grote Verpflichtungen ingan
un müßt allens tausamen schrapen — Geld müßt hei hew-
wen. — „Aber es ist ja doch nur eine Kleinigkeit," föll Axel
in. — „„Ja — jawohl!"" säd' de Herr Notorjus un hal'te
noch Papiere ut sine Breitasch hervör, „„und dann noch diese
Kleinigkeit,"" un dorbi leg' hei de Wessel œwer tweidusend
Daler up den Disch, de David in den Leutnant sin Garnison
uplösst hadd. — De Leutnant verfirte sik; mit den glikgültigen
Schin hadd dat en Enn: „Wie kommen Sie zu diesen Papie-
ren!" reep hei ut. — „„Herr von Rambow, ich glaube, der
Name ,Wechsel' kommt davon her, daß diese Papiere fortwäh-
rend ihren Besitzer wechseln; es kann Sie daher nicht be-
fremden, daß ich diese hier an Zahlungsstatt angenommen
habe, umsomehr, da ich wußte, daß mir dadurch viel Schrei-
berei und Postgeld erspart würde."" — De Leutnant würd'
ümmer verlegner, œwer an en affort't Spill dacht hei noch
lang' nich. „Aber, lieber Herr Notarius, ich habe augenblick-
lich kein Geld." — „„Nicht?"" reep de Notorjus un keek sinen
Schuldner mit en Utdruck an, as hadd em de œwen in de aller-
swartste Seel rinner seihn laten un hadd em vertellt, dat hei

---

[42] Schmunzeln. [43] leidvolles.

Nachdem im 16. Jahrhundert die niederdeutsche Schreibkultur zugunsten des Hochdeutschen abgebrochen ist, »folgte auch ein weitgehender Wechsel der gesprochenen Sprache vor allem im 19. und 20. Jahrhundert. Doch ging mit dem Sprachwechsel auch ein neuerlicher Aufstieg des Niederdeutschen zur Kultursprache einher.« (Möller 1997, 33)

Eine bürgerliche Gruppe besann sich im Zuge einer romantischen Kritik an der Moderne auf Niederdeutsch. Man wolle dem empfundenen Verfall von Sprache und Kultur etwas entgegenhalten und die niederdeutsche Sprache neben die hochdeutsche stellen. Federführend war unter ihnen der Dithmarscher Klaus Groth. »Mit den Gedichten in Klaus Groths *Quickborn* und den großen Romanen Fritz Reuters erreichte die niederdeutsche Literatur in der Mitte des 19. Jahrhunderts eine Bedeutung, wie man sie vorher längst nicht mehr für möglich gehalten hatte. Von da an wurde das Niederdeutsche wieder zu einer anspruchsvollen Kultursprache.« (Möller 1997, 33)

en Bündnis mit den Wuwel slaten hadd. — „„Nein, seil re
hei hentau, „„das glaub' ich nicht."" Un wat nu de Leutnant
seggen, verselern un bi
jus bör em un säd' e
nich; hei wull man ni
denn wedder dat olle,
Tapet, wotau sik de L
hadd, wenn 't em börsl
Notorjus sinen Kram,
wen as David, un w
wen; denn hei wir e
Hauptspaß was, wenn
Slauheit kümmt keine
Gering', un en Spaß
Dat wiren de Aen
bet an den Hals satt rur üm sinen Bader
stürten. 44) Ut ne deipe Krur, de uns' Herrgott schickt hett,
arbeit't sik 'ne Seel woll wedder ruter as en Minsch, œwer
den de Bülgen 45) von de wide, ewige See tausamslagen
sünd, hei möt mächtig raubern, œwer kümmt hei an 't Neuwer,
denn steiht hei reiner un kühler vor un fühlt sik rüstig nah
nige Arbeit üm. Wer œwer in de gemeine Not dörch sinen
eignen Börwitz follen is, de föllt in den Sump, de Smutz
hackt 46) em an, un hei schämt sik, de Lüd' vör de Ogen tau
kamen. — So gung dat den jungen Herrn; hei schämte sik,
dat hei lichtsinnig lewt hadd, hei schämte sik, dat hei sik
mit swarte un witte Juden inlaten hadd, hei schämte sik, dat
hei in sik sülfst kein Middel funn, sik rut ut den Sump tau
helpen, un dat de Middel, de em annere unner den Faut gewen
hadden, em noch deiper dorinner drücken müßten. — Un wo
licht hadd hei dit all ut den Weg gahn kunnt, wenn hei sik
Halwermannen anvertrug't hadd! Wo girn hadd de em up=
stunns hulpen, vor de Grund wegfollen was, de em dunnmals
hinnerte, de Kammerrat is em Minschenhart is en ver=
stocktes un dorbi en verzagtes Ding, un dit verzagte Ding
glöwte mihr Rauh tau finnen, wenn dat Milen 47) tüschen
sik un sinen Schimp leggen deih'; Axel reiste also von sinen
Gaub' tibiger 48) af, as sine Swestern hofft hadden.
In sine Garnison was dat noch all so, as hei 't ver=
laten hadd, œwer h e i was anners worden, kaum wenigsten
säd' hei sik dat däglich sülfst; œwer wenn einer sin Kameraden
fragen will, so warden em en seggen, hei wull wat
besonders an em markt, un dat was ganz natürlich, denn dat,
worin hei sik hauptsächlich ännert hadd, sine gauden Vör=

44) störten. 45) Wellen. 46) klebt. 47) Meilen. 48) zeitiger.

Weeßt noch, wa still dat weer, Jehann?
 Dar röhr keen Blatt an Bom.
So is dat nu ni mehr, Jehann,
 As höchstens noch in Drom.
  Och ne, wenn do de Scheper sung,
  Alleen, int wide Feld:
  Ni wahr, Jehann? dat weer en Ton!
  De eenzige op de Welt.

Mitünner inne Schummerntid
 Denn ward mi so to Mod,
Denn löppt mi't langs den Rügg so hitt,
 As domals bi den Sot.
  Denn dreih ik mi so hasti um,
  As weer ik nich alleen:
  Doch Allens, was ik sinn, Jehann,
  Dat is — ik sta un ween.

Klaus Groth: Quickborn.
Hamburg 1856.

Min Annamedder.

Ei, du lüttje Flasskopp,
Ik fret di vær Leev op!
Wat hest du værn Pusbacken,
Noch söter as Iwebacken!
Ei du lüttje Flasskopp,
Ik fret di noch op! —

Hans Much:
En nedderdüütschen Doodendanz.
Illustrationen: Willy von Beckerath
Hamburg 1919.

Eine lebendige Sprache ist nicht an einen »Stil« gebunden. Sie taugt auch
für zeitgenössische Avantgarde.

... in Droom

De Dood peddt hüt so liesing up
Un gait halw ööt un halw in Druus,
As wier hei man en stillen Gast,
As wier hei gär nich Herr in't Huus.

Ick gläuw, hei leggt sick gär in't Gras
Unner den witten Appelboom.
Un hüür mäl eins! Singt där nich wat? –
Ick gläuw, hei singt sick sülwst in Droom.

15

Im 20. Jahrhundert bildete sich in Norddeutschland neben dem hochdeutschen ein niederdeutscher Kulturbetrieb in allen Schattierungen der
Professionalität. Seit den 90er Jahren nimmt die allgemeine Aufmerksam-
keit für Plattdeutsch zu. Seit 1999 ist Niederdeutsch als Regionalsprache
anerkannt und in der »EU-Charta für Regional- oder Minderheitensprachen«
eingetragen, zusammen mit Friesisch, Dänisch, Sorbisch und Romanes (der
Sprache der Sinti und Roma). Die Bundesregierung stellt sie dadurch offiziell
unter Schutz. Ein Gesetz allein hilft einer Sprache jedoch nicht. Sie muss
gebraucht und verwendet werden.

Alltäglich ist derzeit das Thema Platt in den norddeutschen Medien präsent.
Theaterstücke, Bücher, Musik werden vorgestellt. Und es wird diskutiert
über die Zukunft von Plattdeutsch. Pilotprojekte mit zweisprachigen Kinder-
gärten finden viel Zulauf und die Menschen begrüßen sich gerne – und nicht
selten stolz – mit »Moin«.

Dies mag damit zu tun haben, dass den Menschen langsam bewusst wird,
dass ihre Sprache potenziell vom Aussterben bedrohte ist – oder vielleicht
auch damit, dass die niederdeutsche Kultur heute nach wie vor die Auf-
merksamkeit wert ist?

Du, Mudder, seggt Lüttjepütt,
Unkel Hinnerk wull di 'n bruunen
Kooken kööpen.

Den hest du mi doch köfft.

Aver he wull dat.

Un wo weeßt du dat von?

Von Maihööper.

Un woher weet de dat?

Dat wull ik di fraagen.

Du, Mudder, seggt Lüttjepütt,
hest du Vadder naadenkern maakt?

Ja, dat heff ik daan.

Kannst em nich ok wär vergnöögt maaken?

Verschütt Waater is swaar wär
in't Glas to kriegen.

Kannst denn nich neet Waater ingeeten?

42

Johann Diedrich Bellmann:
Lüttjepütt.
Fischerhude 1983

Du, Opa, seggt Lüttjepütt,
de Steen vör de Deelendör is natt,
un dat regent gor nich.

Dat gifft 'n Gewitter. Dat schickt
Handregen vörut.

Aver de Sünn schient doch.

Kiek maal an't Koohstallfinster.

De Fleegen loopt verdwass.

Kiek maal an de Eer.

De Miegepatzen swarmt ut.

Dat Veehtüch hett Angst.

Hest du ok Angst?

Dat Gewitter is wat för sik, dat
meent uns nich.

43

IV.

SO UN SO

Bi 'n Angebinn krallt sik de Ornung
in dat Chaos, nimmt Maat,
snidd raf vun ehr un divedeert,
Verwachten kriggt veel Steed, Bedüüden,
Ornung sorteert, ümheegt mit Grenzen.

Amenn löppt allens dwars,
vermengelleert sik, klumpt un kluntert —
dat Chaos
sett sik in Possentur, wo 't gar nich haagt,
verslampampt Afbild, Maten.

In 'n Mangel leven.
Bi 'n Krüüzpunkt Dood, Vergahn.
En Brocken Steen Verraad.
Sliepblank en Obelisk.
Mag ween, en Rosenbusch.

Mag ween   Keen weet
Wat woll   Keen weet
Mag ween   Mag ween.
Keen weet   Keen weet

Wi wüllt den Rubus planten
in 'n Gaarn bi Nymph un Olifanten.

Waltraud Bruhn:
Fama, Fortuna, Rosen.
Glückstadt 1991

Waltraud Bruhn dichtet in Hoch- und Niederdeutsch. Sie übersetzt ihre Gedichte jedoch nicht von der einen in die andere Sprache, sondern sie dichtet zwei Mal.

SO UND SO

Am Anfang springt die Ordnung
in das Chaos, mißt, sticht
und trennt,
gibt der Erwartung großen Raum
maßregelt Teil und Teilchen.

Am Ende läufts zuwider,
vermengt sich, klumpt, gerinnt —
das Chaos
hält im Mißgefallen herrlich hof.
verschleudert Bild und Form.

Lebend'ger Mangel.
Im Kreuzpunkt Tod, Zergehen.
Ein Bruchstück von Verrat.
Schliffglatt ein Obelisk.
Vielleicht ein Rosenstrauch.

Usereeine 26

usereeine kick dao jä nich dr'achter
usereeine ment jä dat mott sau
usereeine wet jä auk nich frocht
usereeine kümp dao nich met
(kann he jä nich)

usereeine lött de jä gewäerd'n
usereeine sett't sick jä nich up't hauge Piärd
usereeine nimp de jä gar nich för vull
usereeine find't sick daomet aff
(mott he jä wull)

süss is usereeine dr jä unnen düer
süss is usereeine dr jä bi wech
süss häv usereeine jä utschiät'n
süss kann usereeine män seeihn wao he bliff

wann't nao mi göng
icke
wann ick't Seggen har

ower

Lüttkemann draff jä dat Muul nich lössreeit'n
Lüttkemann wet jä nich tellt
Lüttkemann spiält kinne Geige
Lüttkemann is ächteran
ower

icke
wann ick't Seggen har
wann't nao mi göng

ower

usereeine . . . weeis jä wull

Georg Bühren:
De Lüe, de Wäör, de Tied.
Dülmen-Hiddingsel 1992.

27

Unsereins

unsereins schaut da ja nicht dahinter
unsereins meint ja das muß so
unsereins wird ja auch nicht gefragt
unsereins kommt da ja nicht mit
(kann er ja nicht)

unsereins läßt die ja gewähren
unsereins setzt sich nicht aufs hohe Pferd
unsereins nehmen die ja gar nicht für voll
unsereins findet sich damit ab
(muß er ja wohl)

sonst ist unsereins ja unten durch
sonst ist unsereins ja d'bei weg
sonst hat unsereins ja ausgeschissen
sonst kann unsereins man zusehen wo er bleibt

wenn's nach mir ginge
ich
wenn ich das Sagen hätte

aber

Kleinermann darf das Maul ja nicht aufreißen
Kleinermann wird ja nicht gezählt
Kleinermann spielt keine Geige
Kleinermann ist hintendran

aber

ich
wenn ich das Sagen hätte
wenn's nach mir ginge

aber

unsereins . . . weiß' ja wohl

De niege Plattenspeler

To mien' lesten Burtsdag heff ik 'n Plattenspeler kregen. Mien' olen is al lang kaputt, de hett sik kaputtstohn un dor heff ik em wegschmeten! Un 'n niegen heff ik gor nich bruukt, wiel Plattenhöörn jo al so lang so out weer!
Un nu kummt dat allns wedder ... de olen Hits, de se nu wedder nie produzeert. Un wenn ik so 'n niegen olen Hit in't Radio höör, denn bölk ik jeedeenmol ganz luut: ahhh, dat kinn ik, dat is al old ... dat heff ik fröher al op Platte hatt ...
Un denn heff ik de ganze Nacht seten un mi de olen ›Supertramp‹ un ›Barclay-James-Harvest‹ un ›The Sweet‹ un ›Susi Quattro‹ Schinken wedder anhöört ... dat hett mi richtich melancholisch mookt!
Un all de Kids vun vendoog dään mi op eens richtich leed, wiel se ni nich 'n Plattenspeler hatt hebbt. De kinnt blots CD's ... un Walkmänners. De weet ok gor nich, wo dat is mit 'n Fernseher mit blots dree Programme un ohn Fernbedeenung! Ode wokeen ›Mork vom Ork‹ weer un woso de jümmer »nannonanno« seggt hett. Un

18

Ina Müller:
Platt is nich uncool.
Hamburg 2002

»The day after«, dat is för jem ok woll mehr 'n To-
stand as 'n Film. För jem weer Michael Jackson ok
al jümmer witt in't Gesicht ... un »Treets« ode
»Raider der Pausensnack« kennt se ok nich mehr!
Se hebbt sik ok ni nich Gedanken moken müsst,
wokeen woll domols JR dootschoten hett ... wenn
se överhaupt noch weet, wokeen JR eegentlich
ween is! Un se hebbt ok ni nich ›schlaflose
Nächte‹ hatt, wiel se den »Weißen Hai« sehn
hebbt ... wat mi bit vendoog noch ganz ferdich
mookt. Minsch, do heff ik 'n Trauma vun. Jeedeenmol, wenn ik bit to'n Hals in't Woter stoh,
denn dink ik an de Titelmelodie vun'n »Weißen
Hai« ... dum-dum-dum-dum ... un – zack – denn
loop ik, so gau ik in't Woter lopen kann an't
Land ... un denn arger ik mi wedder 'n Knast ...
wiel nix so blööd utsüht, as 'n Fruu in 'n Bikini, de
panisch versöcht, gau ut dat Woter rut to komen
un dorbi over no vörn 'n Gesicht moken deit, as
wenn nix los weer ... also ünnen op de Flucht ...
un boven lachen! Op so 'n poor Soken vun domols ... dor harr ik goot op verzichten kunnt ...
dum-dum-dum-dum ...

19

kann den Hals woso nich bögen, un baven ut so en Finster winkt de
Dreiher vun de Brügg, oder geiht dat automaatsch? Un dat Water schwappt
an de Pielers vun de Brügg un kort is dat en lütten Tick düüster ünner
de Klappbrügg, un denn wedder hell, un mi löppt de Sweet den Puckel
hendaal, ik stüür wieter un höör Robert sien Stimm, un de seggt:
„Kannst locker laten, Thadde. De Brügg hest schafft."

Noch en beten wat later warrt miene Wackelkneen wedder harte Knaken,
un denn föhlt sik dat an, as of mi nix mehr bang maken kunn.
Nu kann ik Sleus un Brügg.

Jichtenswann stüürt Robert, af un to ok Ma, ik kann lesen un kieken, un so
passeert wi so vele Brüggen un Sleusen, dat ik mi de Namens nich marken
kann. Blots **Rode Hahn** un **Gele Hahn** un **Swatte Hahn**, allens extra för
Hans-Heinerich inricht. An een Sleus drömel en Daam in Rosa, un an een
anner stünnen Peerd achter Bargens vun oolt Holt, un een Sleusenhuus
hebb ik opletzt sehn, dat weer so lütt un gröön un harr en witte Trepp
vörn an, un op de böversten dree Stopen, dor seten tweeuntwintig Katten,
alltohoop swatt-witt!
So gau as dat güng, kunn ik keen Foto maken, schaad.

Un dat weer al lang achter de grote Stadt mit de velen Klapp-Hoogs, un
kort, vördem ik op dat Vördeck inslapen dee. Ik heff mi heemlich de
„Is-doch-Sommer-Mütz" över mienen Kopp trockt, un mi en paar vun de
Seegras-Kissens ünnerleggt, dat ik mi lang maken künn, un de Wind speel
mit dat Schötteldook, dat noch an den Boom hüng, un en paar Scheep
bölken an 't Över, un de Höhner segen tofreden ut.
Mi drööm wat vun de Iestiet. Mammuts löpen ümher un scheren sik nich
üm rode un gröne Lichter.
De Iesbargens weern to en Deel root un witt, Vanillje un Eerdbeer, lecker,
aver to koolt.

Un enerworrns, woneem en grote Schaufinsterschiev tweigahn weer, dat
Glas weer all ut Ies, un en Mammut in en Kinnerplanschbecken pedden
dee, dor kunn ik en gröne Buddel sehn, de weer fastfrüst.
Un ik kunn dat nich sehn, man ahnen, dat weer en wichtige Naricht in
de Buddel för mi.

Birgit Lemmermann:
Ebbe un Hehn.
Bremen 2007
(als Hörbuch bei
Schünemann 2008)

Jugendliteratur muss junge Leser interessieren.
Das geht auch auf Niederdeutsch.

Ik glipp ut op dat spegelblanke Ies, un överall weern grote Sneeflocken, witte Bottervogels, de piesacken mi in 't Gesicht, un vun achtern keem en Mammut, un all de Lüüd bölken as de Scheep vun 't Över. Ma rüddel mi un schüddel mi.
Dat harr anfungen to nieseln, un to eten geev dat ok.

Der Harry-Potter-Wahn ging spurlos an mir vorüber. Ich konnte nicht begreifen, wieso sich alle auf das Buch stürzen und wollte den »Hype« nicht mitmachen. Nein, ich habe nichts gegen Harry Potter. Ist ja toll, dass er so viele Menschen (und vor allem Kinder) wieder zum Lesen gebracht hat. Manche lasen das Buch schon auf Englisch, sobald es erschien. Mich hat das aber, wie gesagt, nicht interessiert. Bis mir eines Tages unverhofft in der Stadtbibliothek die plattdeutsche Übersetzung von Harry Potter in die Quere kam. Das machte mich neugierig. Ich fing an zu lesen und konnte das Buch nicht wieder weglegen. Und Teil zwei gleich hinterher …

Rowling, Joanne K.:
Harry Potter und de Wunnersteen.
Übersetzt ins Plattdeutsche
von Hartmut Cyriacks und Peter Nissen.
Kiel 2001

Rowling, Joanne K.:
Harry Potter un de grulig Kamer
Übersetzt ins Plattdeutsche
von Hartmut Cyriacks und Peter Nissen.
Kiel 2002

Gute Literatur, Weltliteratur, funktioniert in allen Sprachen, auch in Niederdeutsch. Ob es gelingt, die ursprüngliche Atmosphäre, Struktur und »Sprache« zu übertragen, hängt von der Qualität der Übersetzung ab, also von dem Können und dem Einfühlungsvermögen des Übersetzers.

»**SCHNITT 7** *Unter dem Dialog Schritte der beiden erst auf Pflaster / dann Waldweg / dann wieder kurz Pflaster / dann Sand / Rauschen des Meeres nähert sich / bleibt aber In einer gewissen Distanz*

Tyge: Rüük doch, de Heckenrosen.

Sandel: Ja, dat is schön.
Stell di vör: Op eenmal seggt Hans: ›Sandel, mien Deern, weetst du, wat jüst Ebb is oder Floot?‹ Denn treckt he sick ut, geiht swemmen un röppt: ›Kumm mit, is ganz warm.‹ Ick denk, he versüppt noch. He is doch duhn. Dat he sick so heel un deel uttrecken deiht! Ups. He kennt mi doch gor nich.

Tyge: Un du? Wat hest du makt?

Sandel: Wat? Wat heff ick makt? Ick heff töövt.

Tyge: Un em den Rüch afdröögt.

Sandel: Wat?

Tyge: Du harrst di doch ok uttrecken un in't Water gahn kunnt.

Sandel: Wat, ick? Aha. Woto dat? Ick schall mit Hans nakigt baden gahn?

Tyge: Is doch al düster.

Sandel: Sowat kannst du ja maken. Du kannst ja mit Hans nakigt baden un em den Rüch afdrögen. Dor frag ick mi glieks, wat harrst du mit Brundhild so geheemnisvull to besnacken? Hest mal wedder een vun dien spontane poetische Avende vun di geven?

Tyge: Nicks heff ick. Nicks. Se hett mi 'n beten wat vertellt, mehr nich.

Sandel: Wat hett se di vertellt?

Tyge: Dat Hans Hansen een Morslock is.

Sandel: Dat seggt sien Frau?

Tyge: He wull di ficken, dat blöde Swien!

Sandel: So dörf een nich över Minschen snacken. […]

Tyge: Segg mi mal, för wat pedd Gott eegens jedeen Minschen in'n Mors? För wat? Ick meen, dor findt sick doch keen Minsch, de nich jichtenswann so'n lütten Slag vun't Schicksal op'n Dööts kregen hett.

Sandel: Dat dörfst du so nich seggen. Wi Minschen makt dat sülven. Gott will blots dat Gode.

Tyge: Viellicht wüllt wi ok dat Gode, un Gott will dat Leege. Viellicht makt Gott allens – dat Gode un dat Leege. Viellicht makt he ok gor nicks un kickt blots to. Viellicht gifft dat gor keen ›good‹ un ›leeg‹ vör Gott. Stell di vör, dat weer Gott puttegal, wat wi twee beiden hier langs flaneert oder nich.

Sandel: Is aver nich. – Un wat snackst du vun Gott? Du büst doch Buddhist.

Tyge: Bün ick dat?

beide bleiben stehen

Sandel: Hier, ick plück di een Brummelbeer.

Tyge: *(leise)* Danke. – Pst, luster! Hörst dat?

Sandel: *(mit normaler Stimme)* Wat?

Tyge: Dat Haff.

Sandel: Dat is doch de heele Tiet dor.

Tyge: Dorüm ja. Kumm, hol mi fast, anners slah ick dal.

Sandel: Büst du duhn?

Tyge: Ja. Duhn vun di. Ick bör di nu in't Telt. *(nimmt sie auf die Schulter)*

Sandel: *(jauchzt)* Eh, Tyge, nee! – Wat maakst du?

Tyge: *(keucht)* Büst du swar! Fröher weerst du lichter. So swar in mien Hart.

Die beiden gehen weiter / die Stimmen entfernen sich

Tyge: *(singt, mehr oder minder auf einem Ton – 4/4 mittleres Tempo) / __ De Klock is een / kleen rund Ding, dat / TickTa-ck du / -ut*

Sandel: Tyge, Tyge, laat dat, de Lüüd slaapt al. «

Das niederdeutsche Hörspiel hat eine lange Tradition. Klar: Eine vorwiegend gesprochene Sprache ist mit ihren facettenreichen Sprachbildern wie geschaffen dafür. Heute laufen regelmäßig in den norddeutschen Rundfunkanstalten neue Produktionen, vorwiegend am Wochenende abends.

← Ausschnitt aus dem Manuskript zu
»Woso hest Du mi op dat Eiland bröcht?«
Hörspiel, radiobremen 2002
Regie: Georg Bühren
Drehbuch: Snorre Björksson

1. Ick heff mol en Hamborger Veermaster sehn, to my hoodah, to my hoodah. De Masten so scheev as den Schipper sien Been, to my hoodah, hoodah ho.

Blow boys blow for Californio there is plenty of gold so I am told on the banks of Sacramento mento to

Eine besondere Rolle spielen sicher die Shanties wegen der besonderen Verbindung zwischen Seefahrt und Niederdeutsch (s. Seite 92 ff.). Es ist ein lebendiges Klischee, wenn sich alte Seebären treffen, um melancholisch die alten Weisen zu brummeln. Aber auch, wenn das mehr Brauchtumspflege als

Wenn man von niederdeutscher Musik spricht, denkt man als erstes an Shanties auf dem Hafengeburtstag (siehe links) und an Volksmusik und »Danz op de Deel« (z.B. *Herrn Pastor sien Koh*). Damit kann man – gut dosiert – heute immer noch ganz gut jede (Dorf-)Hochzeit anheizen.

Wenn meine Großtante aus Hamburg zu Besuch war, hat sie uns Kinder typisch hamburgische Lieder beigebracht: *Snuten un Poten* oder *An de Eck steiht 'n Jung mit 'n Tüddelband* (beide von den Gebrüdern Wolf, um 1910). Solche Hymnen auf die Heimatstadt waren sehr verbreitet. Jede Stadt hat(te) ihre eigenen Lieder

Man kommt als nächstes an Hannes Waders Album *Plattdeutsche Lieder* nicht vorbei. Er interpretierte 1974 ganz im Stile alter Volksweisen – mit Fiedel und stampfenden Füßen – u.a. vertonte Texte von Klaus Groth. Man kann Hannes Wader den Klassiker nennen. Ihm folgten weitere Liedermacher, z.B. Achim Reichel, Helmut Debus u.a., die mit der traditionellen Sprache und einer alternativen Gesinnung politische Botschaften verknüpften.

Doch dabei bleibt Musik auf Platt nicht stehen. Es gibt sie in *allen* Genres: »Lars und Dixie« machen Blues op Platt, »de Drangdüwels« spielen Folkpunk, »Fettes Brot« rappen nordisch (vgl. Seite 64), und Ina Müller steht für das populäre Chanson, um nur einige zu nennen.

Heute sind alle Musikrichtungen auf Platt vertreten. Es gibt natürlich auch hier gute und weniger gut gemachte Musik. Und ich höre nun auch nicht plötzlich Volksmusik, nur weil sie auf Platt ist.

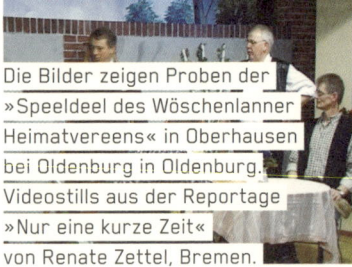

Die Bilder zeigen Proben der
»Speeldeel des Wöschenlanner
Heimatvereens« in Oberhausen
bei Oldenburg in Oldenburg.
Videostills aus der Reportage
»Nur eine kurze Zeit«
von Renate Zettel, Bremen.

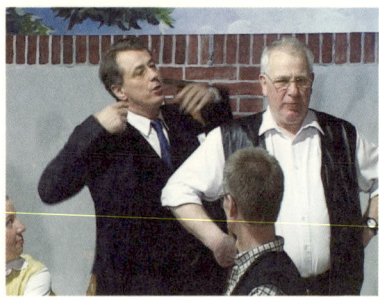

Die Sprachweitergabe in der Familie, von den Eltern zu den Kindern, ist unterbrochen. Dafür versuchen z.B. niederdeutsche Bühnen, eine Tradition der Sprachpflege aufrechtzuerhalten. Für die Laientruppen ist der Spaß am Theaterspielen genau so wichtig wie die Auseinandersetzung mit der niederdeutschen Sprache. In vielen Ort gibt es so eine Laientruppe.

Darüber hinaus gibt es in den Städten auch professionelles Theater, z.B. im Ohnsorg-Theater (Hamburg) oder bei der August-Hinrichs-Bühne im Oldenburgischen Staattheater.

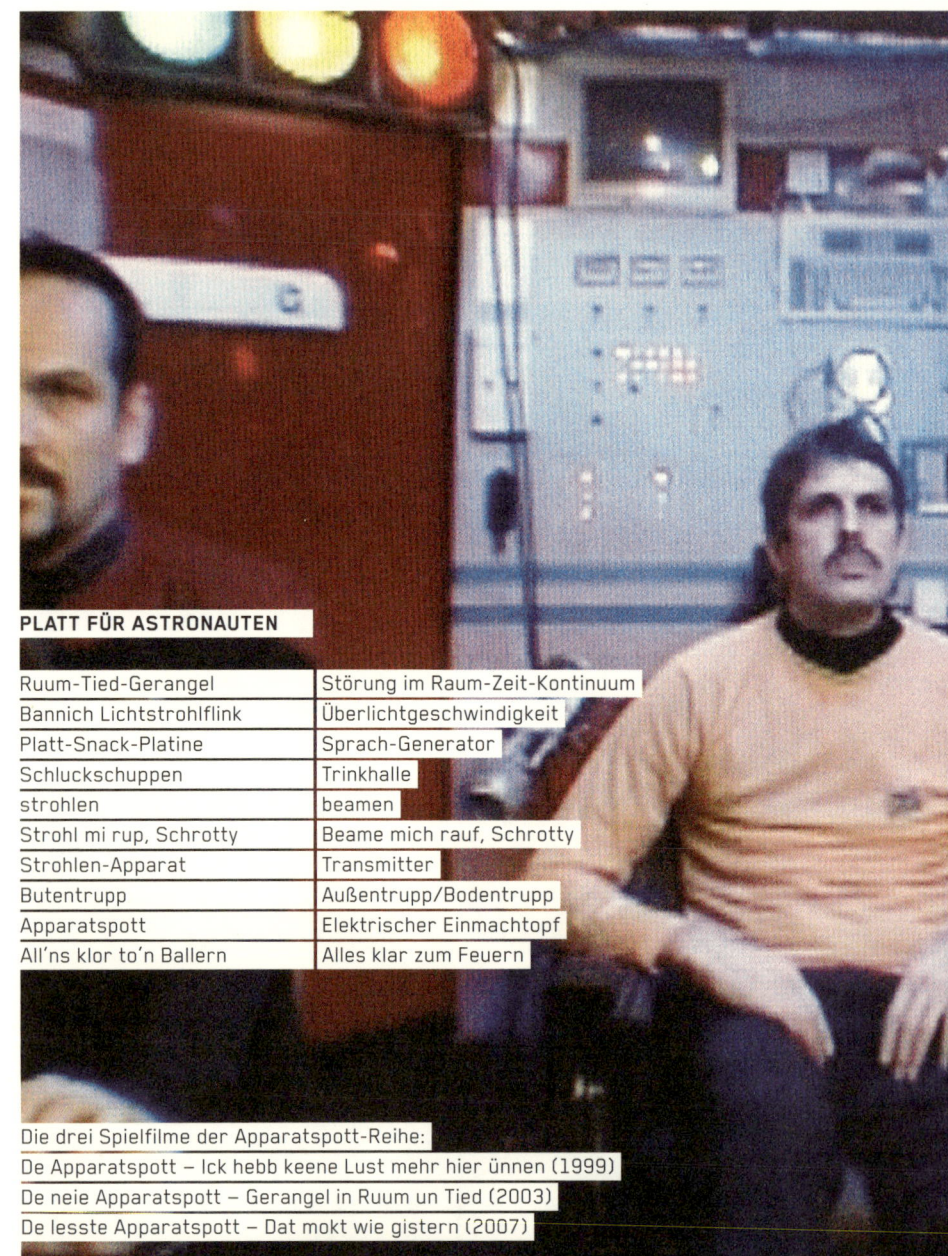

PLATT FÜR ASTRONAUTEN

Ruum-Tied-Gerangel	Störung im Raum-Zeit-Kontinuum
Bannich Lichtstrohlflink	Überlichtgeschwindigkeit
Platt-Snack-Platine	Sprach-Generator
Schluckschuppen	Trinkhalle
strohlen	beamen
Strohl mi rup, Schrotty	Beame mich rauf, Schrotty
Strohlen-Apparat	Transmitter
Butentrupp	Außentrupp/Bodentrupp
Apparatspott	Elektrischer Einmachtopf
All'ns klor to'n Ballern	Alles klar zum Feuern

Die drei Spielfilme der Apparatspott-Reihe:
De Apparatspott – Ick hebb keene Lust mehr hier ünnen (1999)
De neie Apparatspott – Gerangel in Ruum un Tied (2003)
De lesste Apparatspott – Dat mokt wie gistern (2007)

mehr: www.filmemoker.de/

So kann niederdeutsches Schauspiel auch aussehen. Die Filmemoker aus Sulingen produzieren plattdeutsche Science-Fiction-Parodien. Die Apparatspott-Reihe läuft im Kino und ist auf DVD und Video erhältlich. »Mit solchen Adaptionen und populären Genres ist der plattdeutschen Sprache gedient. Eröffnet es ihr doch jugendliche Lobbyisten sowie Räume jenseits der über Jahre notorischen Rolle einer bloßen Privat-sprache.« (Welt-online 2008)

Platt lernen

Klook sünd
se all, aver
plietsch mutt
een ween.

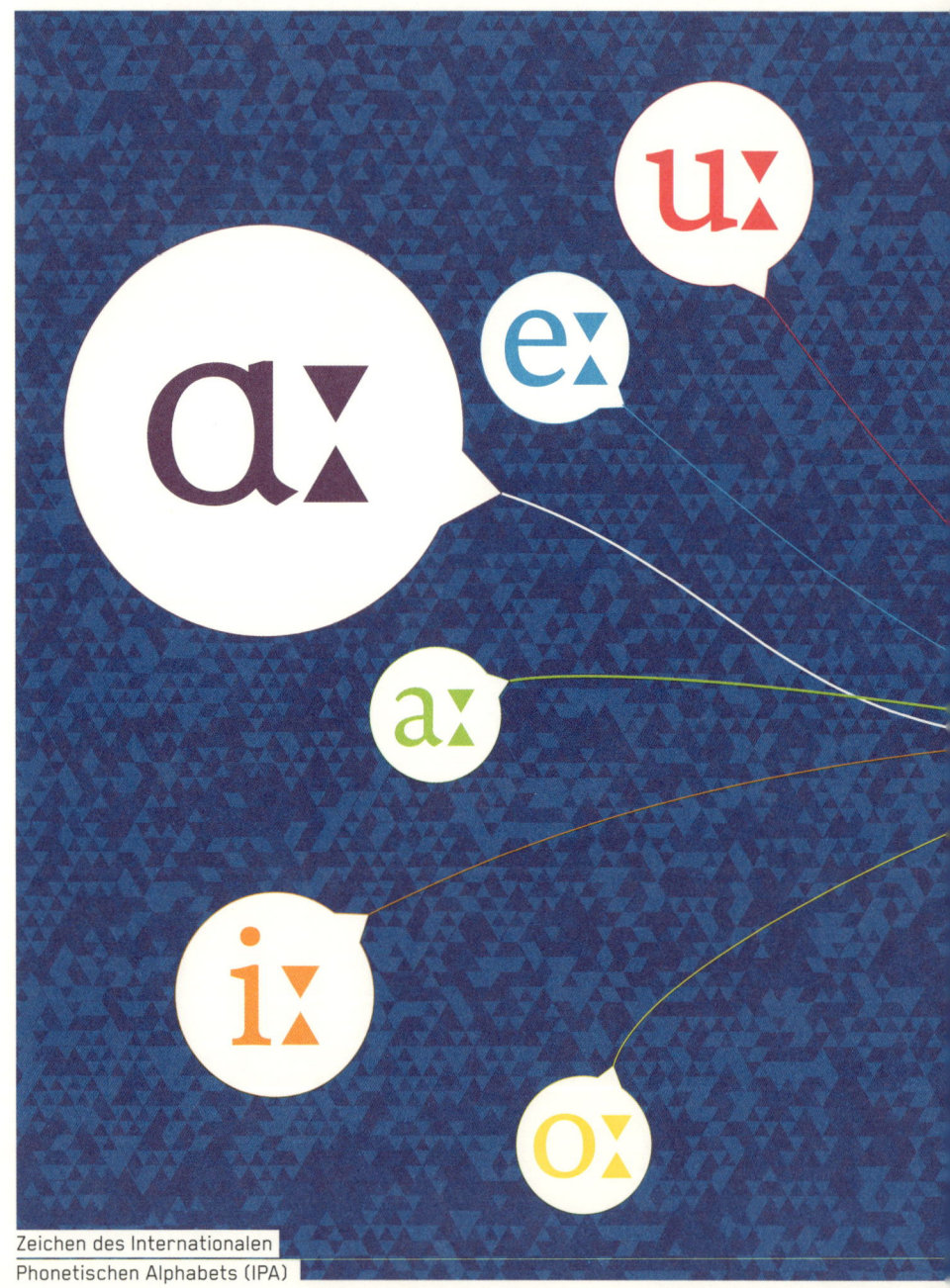

Zeichen des Internationalen
Phonetischen Alphabets (IPA)

Eine Sprache muss man sprechen. Also los: Die verschiedenen Laute werden durch unterschiedliche Stellungen von Lippen, Kiefer und Zunge erzeugt. Für das Niederdeutsche ist hierbei ein zusätzlicher Vokal charakteristisch, das offene »gediegene a«. Es wird tief hinten im Hals gebildet. [ˌjaː ˌjaː]

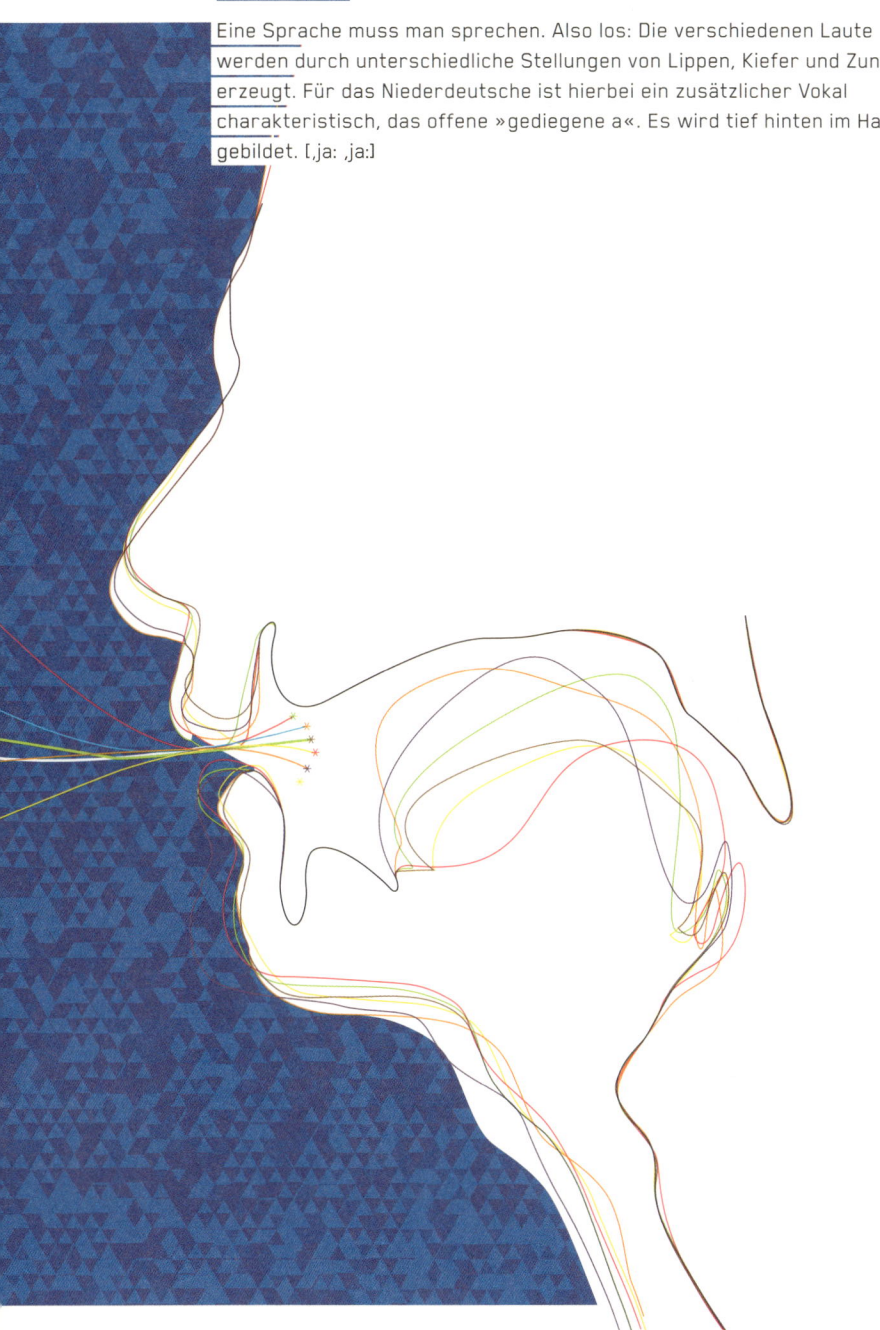

	NATO			HOCHDEUTSCH			PLATT
A	as →	Alfa	wie →	Anton	as →		Appel
B	as →	Bravo	wie →	Berta	as →		Backboord
C	as →	Charlie	wie →	Cäsar	as →		(Cäsar)
D	as →	Delta	wie →	Dora	as →		Düwel
E	as →	Echo	wie →	Emil	as →		Ewer
F	as →	Foxtrot	wie →	Friedrich	as →		Finkwarder
G	as →	Golf	wie →	Gustav	as →		Granaat
H	as →	Hotel	wie →	Heinrich	as →		Hecklock
I	as →	India	wie →	Ida	as →		Iesen
J	as →	Juliet	wie →	Julius	as →		Januaar
K	as →	Kilo	wie →	Kaufmann	as →		Kiekut
L	as →	Lima	wie →	Ludwig	as →		Lümmel
M	as →	Mike	wie →	Martha	as →		Mudder
N	as →	November	wie →	Nordpol	as →		Neihgarn
O	as →	Oscar	wie →	Otto	as →		Olendeel
P	as →	Papa	wie →	Paula	as →		Puttfarken
Q	as →	Quebec	wie →	Quelle	as →		Quaddel
R	as →	Romeo	wie →	Richard	as →		Regenwedder
S	as →	Sierra	wie →	Siegfried	as →		Sabbelsnuut
T	as →	Tango	wie →	Theodor	as →		Tüddelband
U	as →	Uniform	wie →	Ulrich	as →		Ulenspegel
V	as →	Victor	wie →	Viktor	as →		Vadder
W	as →	Whisky	wie →	Wilhelm	as →		Windmöhl
X	as →	X-ray	wie →	Xanthippe	as →		(Xylophon)
Y	as →	Yankee	wie →	Ypsilon	as →		(Ypsilon)
Z	as →	Zulu	wie →	Zeppelin	as →		Zegenbuck

BUCHSTABIERTAFELN

mit einem Vorschlag für Niederdeutsch vom Autor
(Es gibt keine Begriffe im Niederdeutschen, die mit
C, X oder Y beginnen.)

Am besten lernt man Platt von jemandem, der es kann. Denn das Wichtigste ist – wie bei jeder Sprache –, die Melodie im Ohr zu haben. In norddeutschen Schulen ist aus diesem Grund der plattdeutsche Lesewettbewerb sehr populär. Es ist in vielen Fällen der erste systematische Kontakt der Kinder zur Sprache ihrer Urgroßeltern und Großeltern. An dieser Stelle kann ich ja nun nicht vormachen, wie sich Platt anhört, aber ich will versuchen, einige Grundsätze zu beschreiben.

Das Plattdeutsche zeichnet sich zuallererst einmal durch eine bedächtige Sprechgeschwindigkeit aus (oder auch nicht?). Dieser Eindruck wird jedenfalls oft durch die lang gedehnten Vokale hervorgerufen.

»Veele Fleegen fleegt.«

Hervorzuheben ist unter den bekannten Vokalen das »gediegene a«, das es im Hochdeutschen nicht gibt. Dieses wird nicht wie ein »a« ausgesprochen, sondern viel tiefer, weiter hinten im Rachen (wie das skandinavische »å«). Aber wie alles, so ist auch dies von Ort zu Ort unterschiedlich. In Hamburg und den anschließenden Elbmarschen wird es eher wie ein »ou« gesprochen.

Die Aussprache des Niederdeutschen versteht man am besten,
wenn man sich die Lautverschiebungen, die das Hochdeutsche
mitgemacht hat, rückwärts denkt (vgl. Seite 40 f.). Wenn man
also hochdeutsche Wörter statt mit »pf« mit »p«, statt mit
»tz« mit »tt« spricht, wenn man statt »s/ss« ein »t« (oder
zwei) oder statt »ei« ein »ie« spricht, hört sich das schon
fast plattdeutsch an.

Außerdem stolpert der gemeine Platt-Snacker ganz gern
mal über 'n spitzen Stein (spricht das »s« scharf/stimmlos
aus und dafür kein »sch«), und er verschluckt gern mal ein
paar Buchstaben. Man kann es mundfaul nennen, dass es aus
einem Niederdeutschen selten nur so heraussprudelt und dass
er jeden Buchstaben sparsam abwägt. Er selbst nennt das
Sprachökonomie.

Den mehrfach ausgezeich-
neten Platt-Kurs von Radio
Bremen findet man auf der
Internetseite
www.radiobremen.de

Wie schreibt man Plattdeutsch? Die Antwort ist nicht einfach, weil die Schreibtradition jahrhundertelang unterbrochen war. Vom 17. bis 19. Jahrhundert existierte Niederdeutsch fast ausschließlich als gesprochene Sprache (s. Seite 135). Dadurch konnte sich einerseits eine Vielfalt an Dialekten ausprägen, sodass Aussprache und Wortschatz des Niederdeutschen heute lokal sehr unterschiedlich sind. Andererseits gibt es eben keine »gewachsene« Rechtschreibtradition für diese Sprache.

Die Verschriftlichung einer Sprache ist grundsätzlich ein komplexes Thema. Auch die hochdeutsche Schriftsprache gibt keine wirklich gesprochene Sprache wieder. Sie ist ein Abstraktum, eine theoretische Standardisierung (vgl. S. 87), die sich über lange Zeit entwickelt hat: Luther, Grimm, Duden, Rechtschreibreformen …. Diese Tradition gibt es nun im Niederdeutschen nicht. Es gibt deshalb keine einheitlichen Regeln, kein »Standard-« oder »Hoch-Platt«.

Die Standardisierung einer plattdeutschen Schreibweise (und damit langfristig auch die einer plattdeutschen »Dachsprache«) ist eine wichtige Herausforderung für die Weiterentwicklung der Sprache. Um z.B. mit Büchern, Zeitschriften, Theater, Filmen oder im Internet ein größeres Publikum zu erreichen, braucht man eine Regelung, die in allen Dialekten gleichermaßen verständlich ist.

Die heute gängigste Schreibung ist die sogenannte »Sass'sche Rechtschreibung«. Sie geht auf einen Vorschlag von Dr. Johannes Sass von 1935 zurück und verwendet aus Prinzip ausschließlich das Zeichenmaterial der hochdeutschen Schriftsprache. Die häufigen langen Vokale werden hier z.B. durch eine Verdopplung der Vokale gekennzeichnet. Lediglich für die Aussprache des »gediegenen a« ist diese Lösung unbefriedigend. »Wie soll ein Anfänger lernen, wann es gemeint ist und wann nur das schnöde ›a‹?«, fragen Sass' Kritiker und schlagen z.B. das skandinavische »å« vor.

Auf der nachfolgenden Seite ist ein Text zu diesem Thema in Sass'scher Schreibung abgedruckt sowie zum Vergleich nach den »Bremer« Regeln (siehe Lindow 1998, 38ff.)

Das Wörterbuch: Fehrs-Gilde (Hg.): Der neue Sass. Neumünster 2002
alternativ: Johanna und Günter Harte: Hochdeutsch-Plattdeutsches Wörterbuch (2. Aufl.). Leer 1998
Die Grammatik: Lindow (et al.): Niederdeutsche Grammatik. Leer 1998

»Dor weer mal en jungen Mann, de harr en plattdüütsche Geschicht schreven un wull nu geern weten, wat dor woll an weer. He schick de Geschicht an Professer Borchling un bä em, he mugg em doch mal sien Meenen dorto seggen. Professer Borchling schreev em: ›De Dichtung is ganz nett, aver dat Plattdüütsch is mangelhaft, nämlich in de Rechtschrievung, dor is keen System binnen.‹ Un he leed em sien Richtlinien bi, dor schall he sik nu man mal na richten. De junge Mann güng je ok glieks bi un arbeid de Geschicht üm un bröch System in de Grammatik un Orthographie. As he dormit torecht weer, pack he sien Arbeit in un schick se an Robert Garbe. ›Ja, mien Jung‹, schreev Robert Garbe em, ›de Dichtung is nicht slecht, aver dat Plattdüütsch döcht nix. De Rechtschrievung is nämlich verkehrt.‹_____De junge Mann schreev em glieks wedder. ›Leeve Herr Garbe,‹ schreev he, ›un ik heff dat doch ganz genau na de Richtlinien ümarbeid!‹ Robert Garbe schreev em torücht: ›Ja, mien Söhn, dat weern woll nich de richtigen‹, un he leed em sien Richtlinien bi, de schall he sik man mal nipp ankieken. _____Dat dee de junge Mann denn je ok, un he güng bi un schreev sien Geschicht von A bet Z noch mal. Denn schick he de Arbeit an …«

Text von Paul Schurek von 1930 in der Rechtschreibung nach Dr. Johannes Sass

»Door weer mool ẹn jungẹn Man, dee har ẹn platdüütsche Gẹschicht
schreewẹn un wul nuu geern weetẹn, wat door wọl an weer. Hee schik
dẹ Gẹschicht an Prọfẹßer Borchling un bẹẹ ẹm, hee much ẹm dọch
mool siin Meenẹn doortoo segẹn. Profẹßer Borchling schreef ẹm:
›Dẹ Dichtungk iß gantß nẹt, oower dat Platdüütsch iß mangelhaft,
nẹẹmlich in dẹ Rẹchtschriiwungk, door iß keen Sißtéem binẹn.‹ Un
hee leed em siin Richtliinjẹn bii, door sul hee sik nuu man mool noo
richtẹn. Dẹ jungẹ Man güng jẹ ook gliikß bii un arbai dẹ Gẹschicht üm
un brọch Sißtéem in dẹ Gramátik und Ọrtograafíi. Aß hee doormit
toorẹch weer, pak hee siin Arbait in un schik sẹ an Robert Garbe. ›Ja,
miin Jung‹, schreef Robert Garbe ẹm, ›dẹ Dichtungk iß nich ßlẹcht,
oower dat Platdüütsch dọcht nikß. Dẹ Rẹchtschriiwungk iß nẹẹmlich
fẹrkeert.‹_____Dẹ jungẹ Man schreef ẹm gliikß wẹder. ›Leewẹ Her
Garbe‹, schreef hee, ›un ik hẹf dat dọch gantß gẹnau noo dẹ Richtliinjẹn
ümarbait!‹ Robert Garbe schreef ẹm toorüch: ›ja miin Söön, dat weern
wol nich dẹ richtigẹn‹, un hee lẹẹd ẹm siin Richtliinjẹn bii, dee sul hee
sik man mool nip ánkiikẹn._____Dat dẹẹd dẹ jungẹ Man dẹn jẹ ook,
un hee güng bii un schreef siin Gẹschicht fon A bẹt Z noch mool. Dẹn
schick hee dẹ Arbait an …«

Derselbe Text in der Notation der »Bremer Schreibung«,
die durch zusätzliche diakritische Zeichen die Aussprache
anzeigen will.

Ich habe in der Schule jahrelang Englisch lernen müssen. Das hat mir
nicht viel Spaß gemacht. Ich hatte keine praktische Verwendung dafür.
Als ich vor ein paar Jahren jedoch nach Glasgow reiste, war ich erstaunt,
wie ich diese Sprache nach kurzem Eingewöhnen wirklich »gebrauchen«
konnte. Ich war regelrecht fasziniert davon, dass mich die Leute verstanden und wie sie reagierten. In einer Sprache zu leben, also: eine Sprache
zu erleben, bietet eine viel höhere Motivation beim Sprachenlernen und in
ihrer täglichen Anwendung lernt man sie wie von selbst, weil man sie ja
braucht, um den Alltag zu bestreiten:

»Die ideale Form des Spracherwerbs ist immer, wenn man in der Zielsprache lebt, in der Gesellschaft, in der die Zielsprache gesprochen
wird, wenn man dann noch ein paar Hinweise bekommt, wie man die
Sprache am besten verarbeitet, ist es noch besser und man kann sofort
die Sprache ausprobieren, das heißt man kann dann sofort einkaufen
gehen oder zum Bahnhof gehen oder mit Leuten sprechen und erfährt
daraufhin wieder Reaktionen, sodass man testen kann, ob das, was man
produziert hat, auch wirklich adäquat war.« (Jörg Roche, Professor für
Linguistik, in: Deutschlandradio,
Plattdeutsch zu lernen ist deshalb um so einfacher. Man   31.3.2006)
muss nicht weit reisen, um die Fremdsprache zu lernen.
Wer durch Norddeutschland fährt und genau hinhört,
findet die Plattsnacker …

Spracherwerbskurse für den Einstieg findet man in Norddeutschland
bei den Volkshochschulen oder ähnlichen örtlichen Bildungseinrichtungen.
Sehr empfehlenswert für das Selbststudium ist
→ der Plattdeutschkurs von Radio Bremen
http://www.radiobremen.de/online/platt/kurs/index.html

Im Literaturverzeichnis im Anhang sind ein paar Lehr- und Sprachbücher
aufgeführt. Weiterhelfen (mit Ansprechpartnern, Literaturlisten etc.)
können auch z.B. folgende Institutionen:
→ Institut für Niederdeutsche Sprache, Bremen
→ Fehrs-Gilde, Hannover
→ Ostfriesische Landschaft, Aurich
→ Zentrum für Niederdeutsch, Ratzeburg
(Anschriften ebenfalls im Anhang diese Buches)

An den Hochschulen und Universitäten in Flensburg, Kiel, Greifswald,
Hamburg, Bremen, Oldenburg, Braunschweig, Göttingen, Münster,
Bielefeld, Bochum, Magdeburg und Groningen wird zu Niederdeutsch
geforscht und werden Lehrveranstaltungen zu Niederderdeutsch
angeboten. Sprachkurse sind hier jedoch selten.

Aber, wie gesagt: Der beste Weg, um Plattdeutsch zu lernen, ist, sich
einen Plattsnacker zu suchen und im »Tandem« die Sprache im Gebrauch
zu üben. Dafür im Anhang ein paar nützliche Vokabel-Grundlagen.

001_Straßenschild_Altes Land

Süsterstraße

002_Straßenschild_Bremen

GREUNDIEK

003_Schiffsname_Stade

004_Vereinslogo_Finkenwerder

Kiek Rin

005_Weinhandlung_Bremen

006_Bäckereikette_Hamburg

Wenn man in Norddeutschland unterwegs ist, stößt man allerorten auf niederdeutsche Namen, Schilder oder Inschriften. Man muss sie nur erkennen. Und wenn man sich einmal dafür interessiert, fängt das Platt-Lernen schon an.

Besonders auf Straßenschildern, bei Kneipennamen oder Kegelvereinen ist Platt sehr beliebt, wobei Letztere diese volkstümliche Sprache sicher wegen ihres gastlichen, gemütlichen Beigeschmacks wählen.

Niederdeutsche Straßennamen verraten dem, der es versteht, oft etwas über den Ort. Wer Platt kann, weiß z. B., dass auf der Reeperbahn in Hamburg-St.-Pauli früher Seile gemacht wurden, dass die Häuser im Bremer Schnoor-Viertel aufgereiht stehen, wie auf eine Schnur gezogen, oder dass in Osnabrück (vielleicht) Vieh über einen Fluss geleitet werden konnte.

Wenn man an einem Ort, in einer Stadt oder einem Dorf lebt, in dem man sich die Straßennamen nicht merken kann, weil sie für einen böhmische Dörfer sind und keinen Sinn ergeben, dann hat man es schwerer, sich dort zurechtzufinden und wohlzufühlen.

007_Gastronomie_Seehausen

Op'n Dick
Restaurant

008_Gastronomie_Altes Land

009_Gastronomie_Altes Land

Gasthaus
Ton Lodcoper

010_Gastronomie_Altes Land

Gästezimmer
„Kiek in"

011_Gästezimmer_Altes Land

Restaurant
Finkwarder Klönstuv

012_Gastronomie_Finkenwerder

Spitzen Gebel

013_Gastronomie_Bremen

014_Getränk_Altes Land

015_Gastronomie_Bremen

Sprechende Namen von Kegelvereinen
(exemplarisch)

Supp man to, Altes Land
De vergnögten Sösstein, Altes Land
He wackelt, Altes Land
man sinnig, Altes Land
He+Se, Altes Land
Smiet üm, Altes Land
Kegelschööpe, Bocholt, Münsterland
Appelkroosen, Bocholt, Münsterland
Einem bliff immer stoan, Ostbevern, Münsterland
Lott 'n stohn, Gladbeck
En öber, Hamburg
De seute Neun, Hamburg
Braker Deerns, Brake
De Boßler, Wittmund
Hau rin, Varel
Munter drup un liek ut, Moormerland
Fidele Deerns, Windhoek (Namibia)

... das Wetter : Dat Weder verleden Wee
grugeln. Man möch ja nich mol den Hun
de Heben gries, af un an geev dat sprütte
Wulken, un darvun käm jümmers mal ee
Dies un Daak hoch an 'n Heben. Wat late
keen lachen Sünn nich. De Oostwind he
harrn wi eerst noch hogen Daak. Denn w
geev dat to 'n Deel asigen Wind, mol in I
kömen denn jümmer weer düchtige Sch
Hagel un Storm. Twischendör is de Rege
buten rinkäm, wör klöternatt. An 'n Dun
Schuers, Grummelschuers un 'n beten Si
uptreckt, un later hett dat jümmer suutje
regent un Katten hagelt. Freedag geev da
Toeerst hett dat fisselt, denn hett dat eer
dat Spitterregen, un toletzt noch Nisselr
Sünnschien, Schuer, Blitz un Dunnerslag
westen Kant. Later kömen de Schuers m
sogor de Sünn wiest un dat wör lummer:
utannergahn un de Sünn käm rut. De W
weiht. An 'n Avend wör dat lurig-warm,

ör mol w...g to'n
r de Döö...ag wör
egen orre...all worn dichte
.egenflach. De Dingsdag füng an mit
irrn wi blots **düüster Wulken**, meist
ok bannig frisch weiht. Middeweken
dat för korte Tied klaar, aber denn
n, mol ornlich brusig. Vun de See her
. Hier un daar geev dat ok **Unweer** mit
ian blots so dalpölscht. Jedeen, de von
stag hett dat Weder wesselt twüschen
schien, aber denn sünd wedder Wulken
ndalpladdert. Dat hett man meist Hunn
hmuddelwedder – den heel'n Dag lang.
ten vör sick hendröppelt. Wat later geev
. Sünnabend geev dat vun allens wat:
orto haar'n wi swaken Wind vun de
loots noch verenkelt, af un an hett sick
arm. Vun de See her sünd de Wulken
het bloots noch met Maaten ut Südwest
to geev dat **flauen Südwesten-Wind** ...

> »Wetterbeobachtungen im Plattdeutschen, da können Sie ganze Bücher darüber finden, wie man das ausdrückt, wie man die Wetterlage ausdrückt, wie man z.B. jetzt gerade die Wolken am Himmel beschreibt. Das ist ähnlich vielfältig wie mit den Ausdrücken von ›Schnee‹ bei den Eskimos.« (Reichstein 2005)

Sprachwandel
Dat is nich mien Platt, dat döcht nix.

Wenn sich meine Großmutter und die Großmutter meiner Frau treffen, dann sprechen sie eher Hochdeutsch miteinander. Die eine kommt aus der Kehdinger Elbmarsch, die andere aus der benachbarten Elbmarsch, dem Alten Land. Beide sind an der Unterelbe aufgewachsen und ihre Muttersprache ist Elbmarschen-Platt. Nur eben nicht dasselbe. Wie oft muss ich mir anhören: »Ach da im Alten Land, da ›hürt‹ und ›führt‹ se ja.« Bei uns heißt das nämlich »hört« und »föhrt«. Und nur das ist »richtig«. Das hört sich nach Spitzfindigkeiten an, aber an so etwas kann eine Kommunikation wirklich scheitern.   Es war beim Familienessen, beide Großmütter waren dabei, und ich wollte meine neueste Weisheit vorführen und sagte, an passender Stelle im Gespräch: »Ja, doon is ’n Ding.« (»Tun ist ein Ding.« Etwa: Taten, nicht Worte sprechen lassen.) Ich erwartete zustimmendes Kopfnicken, aber alles blieb reglos. Sekundenlang. Ich hatte den Satz so ausgesprochen, wie er geschrieben wird und wie ich ihn irgendwo gelesen hatte. Das verstanden die Omas nicht. Doch plötzlich atmet die eine auf: »Ach! ›Daun is ’n Ding‹!«. Jetzt nickt auch die andere. Das ist eben Elbmarschenplatt: »Kauken« statt »Koken« (Kuchen).   Dieses Phänomen ist typisch für Dialektsprecher: die Intoleranz gegenüber anderen Dialekten. Wenn sich Plattsnacker unterschiedlicher Mundart (oder schon aus benachbarten Dörfern) treffen, sehen sie eher die feinen Unterschiede als die gemeinsame Sprache. Wegen dieser Einstellung hat es ein überregionales »Medien-Platt« nicht leicht.

»Wat nu dat Dörnannergahn von Hoch un Platt anbelangt, so mog ick dat woll verglieken mit de sollte Flot, de von de See kummt un drängt sich denn rinn in de Werser, denn kann man ook daar, wo de Floot steiht, nich seggen, wo dat söte weeke Werserwater uphört un wo dat sollte Seewater anfangt. So is dat och mit use beiden Mundarten un wo faken hört man nich de Frage: Wat is denn eegentlich dat richtige Platt? Ick denk, wi könnt us up disse Frage de Antwoort woll so geben: Datjenige, wat wi von use Ollern un von use Grootollern hört un leernt hefft, dat is dat Platt, wo wi von Dage mit bestahn könt.« (Droste 1910, 5)

Sprachen werden von Generation zu Generation weitergegeben. Aber nicht als konservierte Tradition, sondern als Gebrauchsgegenstand. Dieser wird naturgemäß ständig den Bedürfnissen der Menschen angepasst, um immer aktuell brauchbar zu bleiben.

»Sonnabend«

Seit Jahrzehnten ist der Samstag aus dem Süden
Deutschlands auf dem Weg Richtung Norden.
Jetzt verwendet man ihn auch hier selbstverständlich.
Angeblich, weil sich die Abkürzung besser
von Sonntag unterscheidet: … Do, Fr, Sa, So

Wissenschaftler vergleichen die Entwicklung von Sprachen oft mit der biologischen Evolution. Sie sprechen von einer »genetischen Verwandtschaft« bei Sprachen und legen Stammbäume an (siehe Seite 34 f.). »Richtiges Platt« kann es nicht geben. Das gilt für alle Sprachen. Man kann in der unaufhörlichen, fließenden Entwicklung der Sprachen nur versuchen, gerade gültige Diskurs-Plattformen einer Sprachgemeinschaft ausfindig zu machen. Das versucht für das Hochdeutsche z.B. die Duden-Redaktion. Diese »Standards« stehen jedoch in ständiger Spannung mit der individuellen Sprachrealisierung (Wildgen 2004). Niemand spricht so, wie es im Duden steht (siehe Seite 87). Dadurch herrscht in den Sprachen eine grundsätzliche Dynamik, und deshalb verändern sich Sprachen ständig und nicht von Sprechergeneration zu Sprechergeneration.

Wir können den Sprachwandel an kleinen Details in Echtzeit fast täglich beobachten. Z.B. anhand von Modeströmungen. Es ist gerade »trendy«, seine Sätze mit englischen Wörtern zu spicken. Und wer »cool« sein will, sagt »sorry«, wenn er zu »busy« ist für einen »coffee to go«. Früher sagte man »pardon«, um »en vogue« zu sein. Das war das »Savoir-vivre« einer anderen Modeströmung (vgl. Sick 2005).

Heute grüßen viele mit »Moin«.

oder »Samstag«?

Samstag, althdt. »Sambaztac«, geht auf vulgärgr. »Sambaton« und hebr. »Schabbat« zurück und bedeutet »Ruhetag«.

Sonnabend, althdt. »Sunnunaband«, altengl. »Sunnanæfen«, ndt. »Sünnavend«: der Tag vor Sonntag, nach germanischer Tageseinteilung.

(Vgl. Wörter für Sonnabend im Landkreis Minden-Lübbecke, S. 53)

○ ○ ○   Atom – ▼

◀ ▶   C   +   W http://nds.wikipedia.org/wiki/Atom

📖   HfK-Mail   GMX   Google   GoogleBild   HfK   Stadtplandienst   Perlentaucher   WM 2006

WIKIPEDIA
Dat frie Nokieksel

Artikel   Diskuschoon   Ännern   Historie

Atom

En **Atom** is en lütt Deel. De Naam kümmt vun dat greksche

Dat weer al de greeksche Philosoph Demokrit, de sik en Ke
Stück Materie, to'n Bispeel en Holt. Dat haut he denn in sie
harr he dacht, kann dat jo nich jümmers so wiedergahn. We
tweimooken. Un dat sünd denn de Atomens. Anner Philoso
besteiht.

Eerst as dat so richtig losgüng mit de Chemie, dor keem Ja
sünd, de so wat as lütte Armens hebbt. Dormit köönt se sik

Ernest Rutherford hett denn mol alpha-Strahlens op Gold s
poor obers sünd aflenkt woorn. Un een ganz lütten Deel vu
nix is. Vakuum seggt de Physikers ok dorto. Un denn noch

Dat mit de Elektronens, de dor rumsuust, hett denn Nils Bo

Hüüt hebbt wi düsse Vörstelln:

Navigatschoon

- Hööftsiet
- Över Wikipedia
- Artikel na Alphabet naslagen
- Tofällige Siet

Mitmaken

- Hülp
- Wikipedia-Portal
- Niegest Ännern
- Spennen

Söken

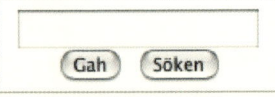

(Gah) (Söken)

Warktüüch

- Wat wiest na disse Siet hen
- Ännern an lenkte Sieden
- Datei hoochladen
- Sünnerliche Sieden
- Druckversion
- Permanent link
- Cite this article

- Dat Atom besteiht ut en Kern un en Elektronenhüll.
  - De Kern is ut Protonens un Neutronens.
    - Protonens un Neutronen sünd ut Quarks opbaut.
  - Protonens un Neutronens sünd swor. Elektronens s Neutronens in den Kern af.
  - De Elektronenhüll ward vun de Elektronens bildt.
    - De Elektronens suust rüm. Kanns obers nie nich Heisenbergsche Unschärpsrelatschoon.
- In en neutral Atom sünd dat liekers so veel Elektronens
- De Elektronens hebbt ünnerscheedlich Energie.
- Bi en chemische Reaktschoon ännert sik wat bi de Elek

»[Die] Entwicklung der Sprache [folgt] der des menschlichen Kulturschaffens. Variation ist das Grundprinzip der kulturellen wie sprachlichen Evolution.« (Haarmann 2003, 13)   Eine Sprache ist nur lebendig, wenn sie sich ständig erneuert und den Bedürfnissen ihrer Nutzer anpasst. In einer lebenden Sprache muss man grundsätzlich alles sagen können. Ob es aber ein Bedürfnis gibt, auf Platt über Atomphysik zu sprechen, sei dahingestellt. Schließlich hat jedes Fachgebiet seine eigene Sprache. Hochdeutsch bzw. Englisch sind da wohl eher geeignet, um über wissenschaftliche Themen zu streiten. Allein wegen der überregionalen/internationalen Reichweite der Diskussionen.

s, wat so veel heet as *kanns nich tweihaun*.

kt harr, vun wat de Saken nu so mookt sünd. He harr sik vörstellt, he hett en ken in twee Stücken. De kunn he obers wieder tweimooken. Obers denn, so tücken ganz lütt sünd un denn noch lütter, denn heurt dat op mit dat rrn sik dat anners denkt un meenen, dat allens ut Füür, Water, Luft un Eer

n 1808 wedder op de Idee, dat dat Atomen gifft. He stell sik för, dat dat Kuller en.

Dorbi is rutkamen, dat de alpha-Strahlens tomeist dör dat Gold dör sünd. Een ahlen is wedder trüchspegelt woorn. Dor wüss he, dat so en Goldatom meist Kern. De is positiv oplaaden. Un üm den Kern rüm suust de Elektronens. lapen laaten un he mook sik ok en Vörstelln vun de Atomens.

. De Masse vun dat Atom hangt meist blots vun de Tall vun de Protonens un

seggen, woneem se sünd un wo gau se sünd. Dat kümmt vun de

nens.

De Kern blifft as he is.

EU-Außenminister beraten über Serbien

BRÜSSEL Die Außenminister der EU sprechen heute über das künftige Verhältnis zu Serbien.

Im Zentrum steht das Assoziierungs- und Stabilisierungsabkommen, durch das Serbien die Beziehung zur Europäischen Union intensivieren möchte.

Die Verhandlungen darüber finden vermutlich nur statt, wenn die Regierung in Belgrad den gesuchten Ex-General Mladic an das Kriegsverbrechertribunal in Den Haag ausliefert.

Die EU-Außenminister werden wohl kein förmliches Ultimatum stellen, jedoch eine deutliche Botschaft senden.

EU-Butenministers hoolt Raat över Serbien

BRÜSSEL De Butenministers vun de EU snackt hüüt daaröver, woans se in tokamen Tieden mit Serbien utkamen willt.

Vör allen geiht dat üm een Poppeer, wat Serbien för een Afkamen schreven hett. Daar steiht watt binnen över Nögerkamen und Fastigkeet anhollen. So will Serbien mit de Europäsche Union mehr to doon kriegen.

Verhannelt warrt över dit Poppeer villicht bloots denn, wenn de Regeern in Belgrad den maal wesen General Mladic utleevert. Mladic warrt söcht un schall vör't Brett bi dat Tribunal in den Haag, wo se tegen Orlogverbrekers tegenangaht.

De EU-Butenministers warrt een düütlich Bottschupp stüern, man woll nich direktemang een Tiet fastsetten, bit wannehr dat gebört wesen mutt.

In Bezug auf das Niederdeutsche haben die plattdeutschen Nachrichten (zum Beispiel von Radio Bremen und dem Norddeutschen Rundfunk) eine wichtige Funktion. Dadurch dass hier das Tagesgeschehen mit all seinen modernen und oft abstrakten Begriffen übersetzt wird, leisten die Redakteure und Übersetzer Erneuerungsarbeit im wahrsten Sinne. Sie entlehnen Worte aus anderen Sprachen und passen sie dem Plattdeutschen an. Oder sie erfinden neue Wörter in der alten Sprache.

Die sprachliche Bedarfsdeckung ist eine Hauptmotivation für die Entwicklung von Sprache. Die Fehrs-Gilde (Hannover) ist bemüht, im »neuen Sass« (s. Seite 171), einem plattdeutschen Wörterbuch, diese neuen Wörter für neue Dinge aufzunehmen und anzupassen. Das Institut für niederdeutsche Sprache (Bremen) dokumentiert zudem im Internet die Wortschöpfungen aus den plattdeutschen Nachrichten. »Platt ist synchron produktiv« (Möller 2006).

← Meldung der Plattdüütsch Nahrichten vom 27.2.2006, Radio Bremen. Der Ausgangstext wird von der hochdeutschen Nachrichtenredaktion zusammengestellt und von den niederdeutschen RedakteurInnen übersetzt.

Nachrichten auf Platt
NDR 90,3 (Mo–Sa, 08:30)
→ www.ndr.de/
Bremen Eins (Mo–Fr, 10:30)
→ www.radiobremen.de

»Smuttkantüffeln« und »Bratkartoffeln« sind nicht dasselbe. Für Erstere habe ich nicht einmal ein hochdeutsches Wort. Es handelt sich dabei um roh in Scheiben geschnittene Kartoffeln, die mit viel Salz und Pfeffer langsam in der Pfanne gebraten und gegart werden. Unter Bratkartoffeln verstehe ich, dass man Pellkartoffeln in Scheiben schneidet und heiß und schnell knusprig brät. Es bleibt mir also nichts anderes übrig, als im Hochdeutschen auch das plattdeutsche Wort zu verwenden, das ich für dieses Gericht kenne. So entstehen Lehnwörter (mehr Rezepte ab Seite 72 ff.).

Ein Lehnwort ist ein aus einer fremden Sprache aufgenommenes Wort, das in seiner Lautung, Schreibung und Abwandlung an die aufnehmende Sprache angepasst ist, z.B. Fenster (von lat. *fenestra*). Ein Fremdwort hingegen nennt man ein aus einer fremden Sprache übernommenes Wort, das sich nicht bzw. nicht grundlegend der aufnehmenden Sprache angepasst hat und – im Unterschied zum Lehnwort – daher auch weiterhin als fremd empfunden wird (z.B. Toleranz, Chanson, Wellness). Die Übergänge sind fließend.

Die Übernahme von Wörtern (Fremd- oder Lehnwörter) und Sprachstrukturen (Grammatik oder Aussprache) aus anderen Sprachen ist ein wesentlicher Faktor für die Erneuerung und die dauerhafte Vitalität einer Sprache. Dadurch wird ihre Substanz erweitert und damit ihre Vielfalt.

Gerade Sprachen benachbarter Kulturen bieten einander Material für die gegenseitige Bereicherung des Wortschatzes. Eine besondere Rolle kommt dabei den Mehrsprachlern zu, denn sie transportieren die Wörter von der einen in die andere Sprache – so auch in Hochdeutsch und Plattdeutsch.

Im »Duden Deutsches Universalwörterbuch« von 2001 habe ich etwa 890 Einträge gefunden für Wörter, die aus dem Niederdeutschen bzw. Mittelniederdeutschen stammen und in das Hochdeutsche entlehnt wurden. Hier der Beginn dieses Auszugs.

ab|murk|sen [sw. V.; hat] [urspr. Studentenspr., zu niederd. murken = töten → mniederd. morken = zerdrücken]: **1.** (salopp) *umbringen:* jmdn. a.; **Ü** den Motor a. (ugs.; *durch unsachgemäßes Schalten od. Bremsen zum Still-stand bringen).* **2.** [a. + sich] (ugs.) *sich (mit etw.) abmühen.*

ab|nib|beln [sw. V.; ist] [H. u.; viell. zu niederd. nibbeln = mit den Lippen, Zähnen kleine Stücke von etw. lösen] (nordd., bes. berlin. salopp): *sterben:* ich nibb[e]le bald ab.

Ab|ste|cher, der; -s, - [aus dem Niederd., eigtl. = kurze Fahrt mit dem (Bei)boot, zu veraltet seem. abstechen = staken (1 a)]: *das Aufsuchen eines abseits von der Reiseroute liegenden Ziels:* einen kurzen A. nach Berlin machen, unternehmen.

Ach|ter|deck, das [zu (m)niederd. achter, achterlich] (Seemannsspr.): *Hinterdeck.*

ach|ter|lich [Adj.] [zu (m)niederd. achter = hinter, niederd. Form von mhd. after, After] (Seemannsspr.): *von hinten kommend:* -e See.

ach|tern [Adv.] [zu (m)niederd. achter, achterlich] (Seemannsspr.): *hinten:* das Wasser läuft a. ab; nach a.

an|rü|chig [Adj.] [in Anlehnung an »riechen, Geruch« zu mniederd. anrüchtig = von schlechtem Leumund]: **a)** *von sehr zweifelhaftem Ruf:* ein -es Lokal; es handelt sich um eine ziemlich -e Person; **b)** [leicht] *anstößig:* -e Witze; [subst.:] das ist nichts Anrüchiges.

auf|kla|ren [sw. V.; hat] [aus der niederd. Seemannsspr.]: **1.** (Met.) *klar, wolkenlos werden, sich aufhellen:* das Wetter, der Himmel klarte am Nachmittag wieder auf; örtlich aufklarend; [subst.:] nachts bei Aufklaren Frostgefahr; **Ü** ihre Mienen klarten a. **2.** (Seemannsspr.) *aufräumen, in Ordnung bringen:* die Kombüse a.

aus|beu|ten [sw. V.; hat] [zu mhd. biuten = Kriegsbeute machen → mniederd. buten, Beute]: **1. a)** *wirtschaftlich nutzen, abbauen:* eine Grube, ein Erzvorkommen, Bodenschätze a.; **b)** *systematisch nutzen, ausschöpfen:* alle historischen Quellen a.; sie hat die Arbeiten anderer Wissenschaftler schamlos ausgebeutet *(ohne Nennung der Quelle für ihre Arbeit verwendet).* **2. a)** (abwertend) [skrupellos] *für sich ausnutzen:* jmds. Arbeitskraft a.; **b)** (marx.) *sich als Eigentümer von Produktionsmitteln das von den Arbeitnehmern erzeugte Arbeitsprodukt aneignen;* **c)** (abwertend) *sich skrupellos zunutze machen:* jmds. Unkenntnis, Gutmütigkeit a.; die Not der Obdachlosen a.

aus|bü|xen [sw. V.; ist] [niederd. utbücksen, H. u.] (ugs. scherzh.): *sich davonmachen:* die Kinder waren [auf dem Weg zum Spielplatz] ausgebüxt; sie ist ihrem Mann ausgebüxt *(hat ihn verlassen).*

Aus|guck, der; -[e]s, -e [für niederd. utkik → niederl. uitkijk]: **1.** (ugs.) *Stelle, von der aus jmd. ausgucken, Ausschau halten kann:* einen A. beziehen; seinen A. nicht verlassen; A. halten *(ausgucken).* **2.** (Seemannsspr.) **a)** *Beobachtungsplatz (an erhöhter Stelle) auf einem Schiff:* der A. war nicht besetzt; **b)** *Matrose, der auf dem Beobachtungsplatz Wache hält:* der A. war nicht im Boot.

aus|knei|fen [st. V.; ist] [für niederd. utknipen, zu: knipen, ¹kneipen] (ugs.): [aus Feigheit] *heimlich weglaufen, ausreißen:*

sie wollten v. d. letzten Unterrichtsstunde a.

Aus|ter, die; -, -n [niederl. uster → (m)niederl. oester, über das Roman. → lat. ostreum → griech. óstreon, zu: ostéon = Knochen (nach der harten Schale)]: essbare *Meeresmuschel, die sich am Untergrund mit ihrer Schale festsetzt:* eine A. aufbrechen, ausschlürfen; -n essen.

¹Back, die; -, -en [1 a: (m)niederl. bak, wohl zu einem galloroman. Wort mit der Bed. »Wassergefäß«; vgl. Becken; 1 b: urspr. = Gruppe von Seeleuten, die aus einer Schüssel essen; 2: nach dem Raum für die ¹Back (1 b)] (Seemannsspr.): **1. a)** *hölzerne Schüssel, in der das Essen für die Schiffsmannschaft aufgetragen wird;* **b)** *Tischgemeinschaft der Schiffsmannschaft;* **c)** *zusammenklappbarer Esstisch der Schiffsmannschaft auf einem Schiff.* **2.** *Deckaufbau auf dem Vorschiff.*

Back|bord, das [Pl. selten] [aus dem Niederd. → mniederd. ba(c)kbort, aus: bak = Rücken (verw. mit ²Backe) u. ²Bord; nach dem früheren Standort des Steuermanns auf der rechten hinteren Schiffsseite, wobei ihm die linke Schiffsseite im Rücken lag] (Seew., Flugw.): *linke Seite des Schiffes (in Fahrtrichtung gesehen) od. linke Seite eines Luftfahrzeugs*

(in Flugrichtung gesehen): das Ruder nach B. legen.

Ba|ke, die; -, -n [aus dem Niederd. → mniederd. bake → afries. baken = Wahrzeichen, (Feuer)signal, verw. mit mhd. bouchen, ahd. bouhhan = Zeichen; H. u.]: **1.** (Verkehrsw.) **a)** *Orientierungs- u. Signalzeichen für Schiffe u. Flugzeuge;* **b)** *(dreifaches) Ankündigungszeichen vor Eisenbahnübergängen u. Autobahnabfahrten;* **c)** *rechteckiges, tragbares Absperrbrett an Stellen, die Fahrbahnwechsel u. -verengung notwendig machen.* **2.** (Vermessungsw.) *Absteckpfahl für Vermessungen.*

Bal|last [auch österr. u. schweiz. nur: ba'last], der; -[e]s, -e [Pl. selten] [aus dem Niederd. → mniederd. ballast = Sandlast zum Gewichtsausgleich im untersten Raum des Schiffes; 1. Bestandteil: H. u., 2. Bestandteil: Last]: **1.** *schwere Last, die [als Fracht von geringem Wert] zum Gewichtsausgleich mitgeführt wird:* B. über Bord werfen, abwerfen. **2.** *unnütze Last, überflüssige Bürde:* der dritte Koffer war nur B.; **Ü** historischen B. abwerfen.

bal|lern [sw. V.; hat] [lautm., vgl. mniederd. balderen, schwed. mundartl. ballra = lärmen] (ugs.): **1. a)** *anhaltend laut schießen, knallen:* mit Platzpatronen b.; **b)** (Sport Jargon) *den Ball [wuchtig]*

irgendwohin schießen: den Ball gegen den Pfosten, ins Tor b. **2. a)** *mit Wucht gegen etw. schlagen, klopfen, sodass ein lautes Geräusch entsteht:* an die Tür b.; ***jmdm. eine b.** (ugs.; *jmdm. eine kräftige Ohrfeige geben);* **b)** *mit Wucht auf, gegen etw. prallen, sodass ein lautes Geräusch entsteht:* Steine ballerten gegen die Tür; **c)** *mit Wucht [irgendwohin] werfen, schleudern, sodass ein lautes Geräusch entsteht:* etw. vor Wut in die Ecke b.; die Tür ins Schloss b. **3.** *knallende, krachende Geräusche machen:* Schüsse, Donnerschläge ballerten; ***einen b.** (ugs.; *etw. Alkoholisches trinken).*

ban|ge, bang [Adj.; banger, bangste; auch: bänger, bängste] [mhd., (md.), mniederd. bange (Adv.), md. u. niederd. Form von mhd. ange, ahd. ango, altes Adv. von eng, eigtl. = beengt]: *von ängstlicher Beklommenheit erfüllt; voll Angst, Furcht, Sorge:* bange Minuten; banges Schweigen; in banger Erwartung, Sorge; jmdm. ist, wird b. [zumute, ums Herz]; jmdm. wird bang und bänger; b. sein (landsch.; *Angst, Bedenken haben [etw. zu tun]);* b. um jmdn. sein (landsch.; *sich um jmdn. sorgen);* b. vor jmdm., etw. sein (landsch.; *Angst vor jmdm., etw. haben);* ***auf jmdn., etw. b. sein** (landsch.; *auf jmdn., etw.*

ängstlich gespannt sein); **b. nach jmdm., etw. sein** *(sich nach jmdm., etw. ängstlich-sorgenvoll sehnen)*.

Ban|ge, die; - [mhd., mniederd. bange] (landsch.): *Angst, Furcht:* nur keine B.!; [große, keine] B. haben; jmdm. B. machen; **R** B. machen (od.: Bangemachen) gilt nicht (fam.; *nur keine Angst haben, sich nur nicht einschüchtern lassen*)!

ban|gen [sw. V.; hat] [mhd., mniederd. bangen] (geh.): **1.** *sich ängstigen, sorgen; Angst haben, in Sorge sein:* die Mutter bangt um ihr Kind; sie bangt um ihren Arbeitsplatz; [landsch. auch: b. + sich:] ich bangte mich um sie. **2.** (landsch.) *sich nach jmdm., etw. sehnen:* die Kinder bangten nach der Mutter; [auch: b. + sich:] sie bangten sich nach ihrer Heimat. **3.** [unpers.] *sich fürchten:* mir bangt [es] vor der Zukunft.

ban|nig [Adv.] [wohl mniederd. bannich = gebannt, verdammt] (nordd.): *unge-wöhnlich, außerordentlich, sehr:* ich habe mich b. gefreut.

Bär|me, die; - [aus dem Niederd. → mniederd. berme, eigtl. = Quellendes, [Auf]wallendes; vgl. Ferment] (landsch., bes. berlin.): *Hefe.*

barsch [Adj.] [aus dem Niederd. → mniederd. barsch = scharf, streng (von Geschmack), urspr. = scharf,

spitz]: *mit heftiger oder unfreundlicher Stimme kurz und knapp [gesagt];* brüsk: -e Worte; b. antworten; jmdn. b. abweisen.

be|ben [sw. V.; hat] [mhd. biben, ahd. biben, urspr. = zittern; sich fürchten; laut-lich beeinflusst vom Niederd. (mniederd. beven)]: **1.** *eine Erschütterung zeigen, erzittern:* die Wände, Mauern beben; der Boden bebte unter unseren Füßen; **Ü** die Finanz-zentren bebten infolge der Kursschwankung. **2.** (geh.) *(vom menschlichen Körper) infolge einer starken Erregung, von Kälte, Fieber u. Ä. zittern:* ihre Knie, Lippen bebten; er, seine Stimme bebte vor Wut. **3.** (geh. veraltend) **a)** *große Angst haben:* sie zitterte und bebte vor ihm; **b)** *in großer Sorge sein, bangen:* sie bebte um ihr Kind.

Be|darf, der; -[e]s, (Fach-spr.) -e [aus dem Niederd. → mniederd. bedarf, zum Präsensstamm von: bedör-ven = bedürfen]: *das in einer bestimmten Lage Benötigte, Gewünschte; Nachfrage nach etw.:* der B. an Vitaminen; seinen B. [an Lebensmitteln] decken; [keinen] B. an/(Kaufmannsspr.:) in etw. haben *(etw. [nicht] brauchen, benötigen);* »Wir wollten doch zusammen ins Kino?« »Kein B.!« (salopp; *ich bin daran nicht interessiert*); Dinge des täglichen -s; bei B. *(im*

Bedarfsfall) eine Tablette einnehmen; [je] nach B. *(wie man es braucht);* wir sind schon über B. *(mehr als nötig)* eingedeckt damit; **R** mein B. ist gedeckt (ugs.; *ich bin es überdrüssig, habe genug davon*).

Beff|chen, das; -s, - [aus dem Niederd., Vkl. von mniederd. beffe, beve = Chorhut u. Chorrock der Prälaten, wohl → mlat. biffa = Überwurf, Mantel; vgl. Kappe]: *Halsbinde mit zwei steifen, schmalen Leinenstrei-fen vorn am Halsausschnitt von Amtstrachten, bes. des evangelischen Geistlichen:* ein frisch gestärktes B.

be|kun|den [sw. V.; hat] [aus der niederd. Rechtsspr., zu kunden, md. Nebenf. von künden]: **1. a)** (geh.) *zum Aus-druck bringen; deutlich (durch Worte, Gesten od. Mienen) zeigen:* seine Bereitwilligkeit b.; **b)** (Rechtsspr.) *vor Gericht aussagen, bezeugen:* etw. eidlich b. **2.** [b. + sich] (geh.) *zum Ausdruck kommen; deutlich werden, sich zeigen:* dadurch, darin bekundete sich ihr ganzer Hass.

be|läm|mern [sw. V.; hat] [aus dem Niederd. [mniederd. belemmeren = hindern, hemmen, beschädigen, Iterativbildung zu: belemmen = lähmen, lahm schlagen, zu lahm]: **1.** (nordd.) *belästigen; nerven:* musst du mich damit schon wieder b.?

2. (landsch.) *hereinlegen, hintergehen.*

Bern|stein, der [o. Pl.] [aus dem Niederd. [mniederd. bern(e)stein, zu: bernen (mit r-Umstellung) = brennen; also eigtl. = Brennstein; der Bernstein fiel durch seine Brennbarkeit auf]: *in klaren bis undurchsichtigen Stücken von hellgelber bis dunkelbrauner Farbe auftretendes, fest gewordenes, fossiles Harz, das als Schmuck[stein] verarbeitet wird.*

bers|ten [st. V.; ist] [aus dem Niederd., Md. [mniederd. bersten, mit r-Umstellung für mhd. bresten, ahd., asächs. brestan, Gebresten] (geh.): **1.** *mit großer Gewalt plötzlich auseinander brechen, zersplitzern, zerplatzen:* das Eis birst, die Mauer ist geborsten; das Glas barst mit einem klirrenden Ton; geborstene Wände; Ü mit geborstener Stimme sprechen; *[bis] **zum Bersten voll/gefüllt** (übervoll; brechend voll):* der Saal, der Bus war [bis] zum Bersten voll. **2.** *von etw. im Übermaß erfüllt sein:* vor Lachen b.

be|rüch|tigt [Adj.] [2. Part. von veraltet berüchtigen = in üblen Ruf bringen [mniederd. berüchtigen = ein Geschrei über jmdn. erheben, zu: geruchte, Gerücht]: *durch schlechte Merkmale, Eigenschaften, üble Taten [weithin] bekannt, gefürchtet; in einem* schlechten Ruf stehend; *verrufen:* ein -es Lokal; er ist als Raufbold b.

be|schwich|ti|gen [sw. V.; hat] [aus dem Niederd., niederd. beswichtigen, älter (be)swichten = zum Schweigen bringen, mit niederd. -cht- für hochd. -ft- für mhd. beswiften = stillen, dämpfen, ahd. giswifton = still werden, zu mhd. swifte = ruhig, H. u.]: *beruhigend auf jmdn., etw. einwirken:* jmds. Zorn b.; er versuchte zu b.; »Es ist alles nicht so schlimm«, beschwichtigte er; eine beschwichtigende Geste.

Beu|te, die; - [mhd. biute [mniederd. bute = Tausch; Anteil, Beute (aus der Spr. des ma. Handels), zu: buten = Tauschhandel treiben]: **1.** *etw., was jmd. erbeutet hat:* sich die B. teilen; auf B. ausgehen; mit der B. entkommen; B. schlagen *([von Bären u. Raubvögeln] ein Beutetier ergreifen);* Ü der Staat könnte so eine B. der Mafia werden. **2.** (geh.) *Opfer:* eine leichte B. sein; das Haus wurde eine B. der Flammen *(verbrannte);* sie wurde eine B. ihrer Leidenschaft.

be|wusst [Adj.] [md., mniederd. bewust, eigtl. 2. Part. von veraltet bewissen = sich zurechtfinden, zu wissen]: **1. a)** *absichtlich, gewollt, willentlich:* eine -e Lüge; die -e *(überzeugte)* Ablehnung des Materialismus; er war ein -er *(überzeugter)* Anhänger des Sozialismus; er hat es ganz b. getan; **b)** *klar erkennend, geistig wach:* ein -er *(bewusst lebender, handelnder)* Mensch; die ökologische Bürgerbewegung profitierte davon, dass die Menschen -er *(wacher, klarer, kritischer)* geworden waren; er hat den Krieg noch nicht b. erlebt; wir waren alle b. oder unbewusst *(wissentlich od. unwissentlich)* daran beteiligt; ***sich** [Dativ] **einer Sache b. sein, werden** *(sich über etw. im Klaren sein, über etw. klar werden):* sich der Bedeutung einer Sache voll b. sein, werden; **c)** *ins klare, wache Bewusstsein gedrungen, im klaren, wachen Bewusstsein vorhanden:* -e und unbewusste Vorstellungen; jmdm., sich etw. b. machen; jmdm. seine Situation b. machen; etw. ist/wird jmdm. b. *(jmd. weiß etw./erkennt etw. klar);* es ist mir nicht mehr b. *(erinnerlich),* wann das geschah. **2.** *bereits erwähnt, [den Eingeweihten] bekannt:* in dem -en Haus.

Bick|bee|re, die; -, -n [aus dem Niederd. [mniederd. bikbere, wohl zu: pik = Pech (nach der schwarzen Farbe)] (nordd.): *Heidelbeere.*

¹Biest, das; -[e]s, -er [niederd. beest = Untier [afrz. beste [lat. bestia, Bestie] (ugs. abwertend): **1.** *lästiges, unangenehmes Tier:* das B. hat mich gestochen;

usw.

»Die globalen Trends, die sich derzeit abzeichnen, deuten [...] nicht auf ein katastrophales Massensterben von Sprache oder auf einen Zusammenbruch der Sprachenvielfalt hin. Die Haupttrends unserer Zeit, die Globalisierung unserer Kommunikation über das Medium des Englischen einerseits und die Mobilisierung lokalsprachlicher Identität als Reaktion auf den funktionalen Druck dieser Weltsprache andererseits, sind dynamische Prozesse, die uns lange in die Zukunft begleiten werden.« (Haarmann 2003, 17)

»Dass der Mensch mit einer Sprache nicht auskommt, ist eine über Jahrhunderte gewachsene Erfahrung [...]. Und so stellt sich mittler- weile als Vorteil dar, was in [Norddeutschland] lange ein Nachteil war: Man muss nicht mehr auf Biegen und Brechen hochdeutsch reden – man darf heute, je nach Situation und dem Partner, wählen, in welcher Sprache man sprechen will. Und das Plattdeutsche hat seinen Wert auf dem Markt der Sprachen.« (Möller 1997, 45)

Stah fast, kiek wiet un röög di.*

Sprachwandel ist ein Prozess, der durch den Kontakt von verschiedenen Sprachen angeregt wird. Durch die globale Vernetzung von Medien und durch die gestiegene Mobilität der Menschen ist der Austausch der Sprachen und Kulturen so breit und vielseitig wie noch nie. Das beschleunigt natürlich die kulturelle und sprachliche Entwicklung. Und die stellt die Kulturen und Staaten vor große Herausforderungen. Viele Konzepte und Modelle müssen angesichts dieser globalen Veränderungen überdacht werden.

* Ich bin gespannt, was mit Plattdeutsch noch alles möglich ist (»Sei standhaft, sei vorausschauend und sei rege.«)

Anhang

De veel fragt, ward veel wies.

Hilfreiche Wörtersammlung für Hochdeutsche zur ersten Kontaktaufnahme mit der niederdeutschen Bevölkerung. Und zum Einstieg ins Platt-Lernen.

(*Quiddje = Zugereister)

Standards	Standards
ja	jo
nein	nee
danke	dank ok
nicht zu danken	dor nich für
Wie bitte?	Hää?
Was bedeutet …	Wat meent …?
Sprechen Sie auch Hochdeutsch/Englisch?	Snackt Se ook Hochdüütsch/Ingelsch?

Begrüssung	Gröten
Guten Morgen / Tag / Abend!	Moin (Moin)!
Guten Morgen!	Goden Morgen! *oder* Moin!
Guten Tag!	Goden Dag! *oder* Dag ok! *oder* Dag! *oder* Moin!
Guten Abend!	Goden Avend! (Ovend) *oder* 'n Avend / Ovend! *oder* Moin!
Gute Nacht!	Gode Nacht! *oder* Nacht!

Bitte Und Dank	Beed Un Dank
Ja, danke.	Ja, Dank ok.
Ja, vielen Dank!	Ja, velen Dank!
Danke, gern.	Ja, geern doch.
Danke, gleichfalls.	Ja, Dank, ok so *oder* Menn't ok so.
Nein, danke.	Ne, Dank ok.
Nein, vielen Dank.	Ne, velen (välen) Dank.
Können Sie mir bitte helfen?	Möögt *oder* Köönt Se mi woll helpen (hölpen)?
Bitte sehr. Gern geschehen.	Ik beed Jem (Jüm). Dor nich för. *(oft auch ohne »Ik beed Jem (Jüm)«)*

Entschuldigung	**Beduern**
Entschuldigung.	Deit mi Leed.
Ich bitte um Entschuldigung.	Dat deit mi Leed.
Ich muss mich entschuldigen:	Ik mutt Jem (Jüm) wat seggen:
Es tut mir (sehr) Leid.	Dat deit mi (bannig) Leed.
	oder Dat duurt mi.
Das war nicht so gemeint.	Dat heff ik nich so meent.
(Das ist) schade.	(Dat is) schood.
Ein paar Worte wechseln	**En poor Wöör wesseln**
Ich heiße … / Ich bin …	Ik heet … / Ik bün …
Wie geht es Ihnen / Dir?	Wo(ans) geiht Jem / Se / Di dat
Wie geht's?	Wo geiht't? *oder* Wo geiht Di/Se dat?
	oder Wo is't?
Danke, es geht.	Dank ok, dat geiht.
	oder Dat geiht so.
Ach, es geht.	Ach (och), dat geiht.
Verabschiedung	**Verafscheden**
Auf Wiedersehen!	Weddersehn! *oder* Tschüss /
	Tschüüs / Tüüs!
Grüße *bzw.* Grüßen Sie	Grööt *bzw.* Grööt Se
zu Hause!	to Huus!
Schau *bzw.* schauen Sie mal	Kiek *bzw.* Kiekt Se mal (mol)
wieder herein!	wedder in!
Gute Wünsche	**Gode Wünsch**
Viel Erfolg!	Maakt (Mookt) Se dat goot!
	Maak (Mook) dat goot!
Alles Gute!	Laat (Loot) Se sik dat goot gahn (gohn)!
	Laat (Loot) di dat goot gahn (gohn)!
	Hool/Holl di stief!
Gute Besserung!	Gode Betern!
Schöne Feiertage *bzw.* Ferien!	Schöne Fierdaag
	(scheune Fierdoog) *bzw.* Ferien!
Herzlichen Glückwunsch!	Ik graleer (groleer) vun Harten!
Viel Glück!	Veel (Vääl) Glück!

Fragen nach dem Weg	Fragen na den Weg
…, können Sie mir den Weg nach … zeigen?	…, köönt Se mi seggen, woans ik na (no) … kaam (koom)?
Immer geradeaus bis …,	Ümmer liekut bet …,
dann bei der Ampel	denn bi de Ampel
nach … abbiegen.	na (no) .. afbögen.
Hier sind Sie falsch.	Hier sünd Se verkehrt.
Sie müssen zurückfahren bis …	Se mööt torüchfohren (-föh-ren/-feuhren) bet …
und dann …	un denn…
Dort steht ein Hinweisschild. *oder* Das ist ausgeschildert.	Dor steiht en Wiespahl (-pohl). *oder* Dor staht (stoht) Wiespahlen (-pohlen/-pöhl).
Wie weit ist es?	Wo wiet is dat?
Ist dies der richtige Bus nach …?	Is düt de richtige Bus na (no)…?
Wann fährt der Bus ab?	Wann fohrt (föhrt/feuhrt) de Bus af?

Zahlen	Tahlen
1	een
2	twee
3	dree
4	veer
5	fief
6	söss
7	söben
8	acht
9	negen
10	teihn
11	ölben
12	twölf
13	dörteihn
14	veerteihn
15	föffteihn
16	sössteihn
17	söbenteihn
18	achteihn
19	negenteihn
20	twintig

Wochentage	Weekendaag
Montag	Maandag
Dienstag	Dingsdag
Mittwoch	Middeweeken (mancherorts Gunsdag *oder* Woensdag)
Donnerstag	Donderdag
Freitag	Freedag
Sonnabend/Samstag	Sünnabend (siehe Seite 53)
Sonntag	Sünndag

Tageszeiten	Dagstieden
der Morgen, morgens	de Morrn, (s')morrns
der Vormittag, vormittags	de Vörmiddag, vörmiddags
der Mittag, mittags	de Middag, (s')middags
der Nachmittag, nachmittags	de Nahmiddag, (s')nahmiddags
der Abend, abends	de Ab(v)end, (s')ab(v)ends
die Nacht, nachts	de Nacht, (s')nachtens
Jahreszeiten	Jahrstieden
der Frühling	dat Fröhjahr/Vörjahr
der Sommer	de Summer
der Herbst	de Harvst
der Winter	de Winter

Uhrzeit	Klockentiet
Wie viel Uhr ist es?	wat is de Klock? *oder* Wo laat (loot) hebbt wi dat?
Können Sie mir bitte sagen, wie viel Uhr es ist?	Möögt *oder* Köönt Se mi woll seggen, wat de Klock is? *oder* … wo laat (loot) wi dat hebbt?
Es ist gerade/ungefähr drei Uhr.	Dat ist jüst/üm un bi Klock dree. *oder* Se is jüst/üm un bi dree.
… fünf nach drei.	… fief na (no) dree.
… Viertel nach drei.	… Veertel (Viddel) na (no) dree.
… fünf vor halb vier.	… fief vör halvig (half) veer.
… halb vier.	… halvig (half) veer.
… fünf nach halb vier.	… fief na (no) halvig (half) veer.
… Viertel vor vier.	… Veerdel (Viddel) vör veer.
Mach mal eine Pause!	Maak (Mook) mal (mol) föffteihn (foffteihn).

Einkaufen	Inköpen
Wo finde ich …?	Wo(neem) krieg ik …?
Wo steht …?	Wo(neem) steiht …?
Werden Sie schon bedient?	Kriegt Se al wat?
Danke, ich schaue mich zunächst um.	Dank ok, ik kiek eerts mal (mol).
Was darf es sein?	Wat kriegt Se?
Was wünschen Sie?	Wat schall't sien (ween)?
Geben Sie mir bitte …	Ik müch geern …
Darf es sonst noch etwas sein?	Müchen Se sünst noch wat? *oder* Kan dat anners noch wat sien (wesen/ween)?
Sonst noch etwas?	Sünst/Anners noch wat?
Ist das alles?	Is dat allens?
Nehmen Sie Kreditkarten?	Nehmt Se Kreditkoorten?
Können Sie mir das einpacken?	Möögt Se mi dat inpacken?
Haben/Möchten Sie eine Tüte/ einen Beutel/eine Tasche?	Hebbt/Möögt Se en Tüüt/enen Büdel/en Tasch?

PLATTDÜÜTSCHE SNACKS, DE (MEIST) JÜMMER PASST

Du büst aver plietsch.	Du bist aber schlau/pfiffig (eigentlich: »politisch«)
Kanns mi dat mal verklookfiedeln?	Kannst du mir das mal erklären?
Dat is ja vigeliensch.	Das ist ja geschickt/raffiniert
ßü, kiek an.	Sieh an.
Dat löppt sick trech.	Das wird schon klappen.
Nu mal suutje.	Jetzt mach mal langsam.
Se hett Grappen in'n Kopp	Sie ist seltsam/schrullig/komisch.
Nu is he muksch.	Jetzt ist er beleidigt.
Klei mi an de Fööt/ an 'n Mors.	(derbe Abweisung, kleien = kratzen, Fööt = Füße, Mors = Hintern)
Mann in de Tünn!	(Ausdruck der Verwunderung)
Gah mi af (mit …)!	Lass mich in Ruhe (mit …)!
Holl dien Muul / dien Rand!	Schnauze!
Schiet wat!/(So'n) Schiet!	Scheiße!
Büst du mall!?	Spinnst du?
Ick fleit di wat!	Ich pfeiff dir was!
Du büst ja woll bregenklöterig.	Du bist ja wohl verrückt.
Du sühst ja ut as dörscheten.	Du siehst heute gar nicht gut aus.
Dor hett 'n Uul seten.	Das musste ja schief gehen.
Ick glööv, du tüddelst.	Ich glaube, du spinnst.
Na, mien lütten Schietbüdel.	Na mein(e) KleineR (Schietbüdel = Windelkind)

Wo werden Sprachkurse angeboten? Was gibt es für neue, spannende Literatur? Wo treffe ich andere Plattsnacker? In jeder Region gibt es kompetente Ansprechpartner, die weiterhelfen, wenn man sich für Plattdeutsch interessiert. Hier eine Auswahl:

Institut für niederdeutsche Sprache (INS)
Schnoor 41–43
28195 Bremen
www.ins-bremen.de

Fehrs-Gilde
Verein zur Förderung des Niederdeutschen e.V.
Gerhart-Hauptmann-Weg 17
21509 Glinde
www.fehrsgilde.de

Carl-Toepfer-Stiftung
Peterstraße 28
20355 Hamburg
www.carltoepferstiftung.de

Ostfriesische Landschaft
Georgswall 1–5
26603 Aurich
www.ostfriesischelandschaft.de

Zentrum für Niederdeutsch in Ratzeburg
Domhof 41
23909 Ratzeburg
www.zfn-ratzeburg.de

Zentrum für niederdeutsche Sprache und Kulturpflege
Friedrichstr. 12
19055 Schwerin
www.landesheimatverband-mv.de

Informative Internet-Seiten zu Niederdeutsch (Stand 6/2008)

Newsletter und »Wegweiser«	www.plattnet.de
buntes Sammelsurium	www.plattmaster.de
freie Enzyklopädie auf und über Plattdeutsch	nds.wikipedia.org
u.a. Bibliografie und Veranstaltungskalender	www.ins-bremen.de
ausgezeichneter Sprachkurs	www.radiobremen.de/online/platt/kurs/
u.a. aktuelle Schulbuchlister (»Bökerlist«)	www.zfn-ratzeburg.de

Diese alphabetische Auflistung von Buch- und Zeitschriftentiteln, Websites und anderen Medien dient als Quellennachweis und Schmökeranregung.

Quellen auf Platt (zumindest teilweise) sind hervorgehoben.
Gekennzeichnet sind zudem:
(L) Lehr-, Sprach- und Wörterbücher
(K) Kinder- und Jugendbücher

API-Lautschrift Standard-Lautzeichen nach der »Association Phonétique Internationale«, abgebildet in fast jedem Wörterbuch.

Allensbach 2008 Allensbacher Berichte, Nr. 4 2008. IfD-Umfrage 10016, Institut für Demoskopie Allensbach, Allensbach 02/2008

Asterix (K) Asterix-Hefte von Rene Goscinny und Albert Uderzo, übersetzt in verschiedene Dialekte, z.B.:
Cyriacks/Goltz/Nissen (Übers.):
Hammonia-City (Hamburgisch)
Cyriacks/Goltz/Nissen (Übers.):
Asterix un de Wikingers (Hamburgisch)
Wilkens, Werner u. Karina (Übers.):
Asterix sien Söhn (Oostfreesk, Bd. 1)
Upmann/Weißenberg (Übers.):
Asterix und de Kuopperpott (Westfäölsk)

Barthes 1970 Barthes, Roland: *Im Reich der Zeichen* (1970). 13. Auflage, Suhrkamp, Frankfurt a.M. 2003.

Bellmann 1983 Bellmann, Johann Diedrich: *Lüttjepütt.* Fischerhude 1983.

Benjamin 1977 Benjamin, Walter: Über Sprache überhaupt und über die Sprache des Menschen. In: Ders.: *Gesammelte Schriften. Band II, 1,* Frankfurt a.M. 1977, S. 140–157.

Bericht BMI 2003 Bundesministerium des Inneren: 2. Bericht der Bundesrepublik Deutschland gemäß Artikel 15 Abs. 1 der Europäischen Charta der Regional- und Minderheitensprachen. Berlin 2003

Borges 1941 Borges, Jorge Luis: *Die Bibliothek von Babel* (1941). Göttingen 2001.

Brand, Teunissen 2005 Brand, Jan; Teunissen, José: *Global Fashion, Local Tradition. On the Globalisation of Fashion.* Warnsveld 2005.

Bracker 1999 Bracker, Jörgen; Henn, Volker; Postel, Rainer (Hg.): *Die Hanse. Lebenswirklichkeit und Mythos.* Lübeck 1999.

Brinckman 1859 Brinckman, John: *Vagel Grip. En Doenkenbok.* Güstrow 1859.

Brösel (K) Brösel: *Werner – Wer Sonst?* neu erschienen 2007 in den »Werner Sammelbändern«, © Brösel, www.werner.de, www.ehapa-comic-collection.de, ISBN 978-3-7704-3102-1

Bruhn 1991 Bruhn, Waltrud: *Fama, Fortuna, Rosen.* Glückstadt 1991.

Bühren 1992 Bühren, Georg: *De Lüe, de Wäör, de Tied.* Niederdeutsche Gedichte. Dülmen-Hiddingsel 1992.

Bullerdiek 1995 Bullerdiek, Bolko: *Distelblöden: Plattdüütsche Satiren und Glossen.* Rostock 1995.

Bullerdiek 2004 Bullerdiek, Bolko: *Schrievwark.* Quickborn-Verlag 2004

Comrie 2003 Comrie, Bernhard; Haspelmath, Martin: Die Bibliothek von Babel. In: MaxPlanckForschung 2/2003.

Crystal 1995 Crystal, David: *Die Cambridge Enzyklopädie der Sprache.* Frankfurt 1995

Cyriacks/Nissen 1999 (L) Cyriacks, Hartmut; Nissen, Peter: *Sprichwörter Plattdeutsch.* Hamburg 1999

Des dodes Dantz *Des dodes dantz.* Lübeck 1496.

Dossier Sprache 2004 Spektrum der Wissenschaft, Dossier-ND 1/2004: *Die Evolution der Sprachen.* Heidelberg 2004.

Drechsel 2006 Drechsel, Wiltrud Prof. Dr.: Die Alphabetisierung fand in der Zweitsprache statt – Über den Beitrag der Schule zum Niedergang des Plattdeutschen. Vortrag in der Stadtwaage, Bremen 14.1.2006.

Droste 1910 Georg Droste zum Thema: Hoch und Platt. Eine Rede vor dem plattdeutschen Verein Bremen. In: Ders.: Plattdütsch! Vegesack 1910.

Duden 2001 Duden – Deutsches Universalwörterbuch. CD-ROM, 4. Aufl., Mannheim 2001.

EU-Rat 1992 Vgl.: Europäische Charta der Regional- oder Minderheitensprachen des Europarats vom 5. November 1992.

EU-Rat 2002 Schlussfolgerungen des Europäischen Rates von Barcelona – Bull. 3-2002, Ziff. I.36

EU-Rat 2005 Eine neue Rahmenstrategie für Mehrsprachigkeit. Mitteilung der Kommission an den Rat, das Europäische Parlament, den Europäischen Wirtschafts- und Sozialausschuss und den Ausschuss der Regionen. Brüssel 2005

EUrominority 2006 www.eurominority.eu

Filmemoker Eine Gruppe von Hobby-Filmemachern um Martin Hermann produzieren Science-Fiction-Parodien (»Apparatspott«, Folge 1–3) auf Plattdeutsch. www.filmemoker.de

Földes 2005 Földes, Csaba: *Kontaktdeutsch – Zur Theorie eines Varietätentyps unter transkulturellen Bedingungen von Mehrsprachigkeit.* Tübingen 2005

Glück/Sauer 1997 Glück, Helmut; Sauer, Wolfgang Werner: *Gegenwartsdeutsch.* 2. Aufl., Stuttgart 1997.

Goltz 1987 (L) Goltz, Reinhard; Nissen, Peter: *Plattdeutsch für Zugereiste.* Heide 1987.

Goody/Watt/ Gough 1991 Goody, Jack; Watt, Ian; Gough, Kathleen: *Entstehung und Folgen der Schriftkultur.* 2. Aufl., Franfurt a.M. 1991.

Groth 1856 Groth, Klaus: *Quickborn.* Hamburg 1856.

Günther/Ludwig 1994 Günther, H.; Ludwig, O. (Hrsg.): *Schrift und Schriftlichkeit. Ein interdisziplinäres Handbuch internationaler Forschung.* Berlin 1994.

Haarmann 2003 Haarmann, Harald: Globale Sprachenvielfalt. In: Seipel, Wilfried (Hg.): *Der Turmbau zu Babel. Ursprung und Vielfalt von Sprache und Schrift.* Band II, Graz 2003.

Halstenberg 2002 Halstenberg, Gerald: Die Vielfalt der Mundarten im Kreis Minden-Lübbecke um 1940. Semesterprojekt im Arbeitsfeld Informationsgestaltung an der Fachhochschule Münster, Münster 2002.

Harte 1986 (L) Harte, Günter; Harte, Johanna: *Hochdeutsch-Plattdeutsches Wörterbuch.* (1986) 2. Aufl., Bremen/Leer 1989.

Herrmann-Winter 2002 Herrmann-Winter, Renate: *Sprachbilder im Plattdeutschen. Redewendungen und Sprichwörter.* Rostock 2002.

Herrmann-Winter 2006 (L) Herrmann-Winter, Renate: *Hör- und Lernbuch für das Plattdeutsche.* (Schwerpunkt: Mecklenburger Platt). Rostock 2006

Heymann 1909 Heymann, Wilhelm: *Das bremische Plattdeutsch.* Eine grammatikalische Darstellung auf sprachgeschichtlicher Grundlage. Bremen 1909

INS 2008 Umfrage des Institutes für niederdeutsche Sprache e.V.,Bremen 2008

Jessen 1933 *Dat Ole un dat Nie Testament in unse Moderspraak.* Übersetzt von Johannes Jessen (1933/1937), 18. Aufl., Göttingen 1994

Kausen 2004 Ernst Kausen. Wortgleichungen und Essays zur Sprachwissenschaft (2004), zitiert nach: http://hompages.fh-giessen.de/~hg8429/sprachen.html (11.4.2006)

König 1994 König, Werner: *DTV-Atlas zur deutschen Sprache.* Tafeln und Texte. 10. Aufl., München 1994

Krappmann 1988 Krappmann, Lothar: *Soziologische Dimensionen der Identität.* Strukturelle Bedingungen für die Teilnahme an Interaktionsprozessen. Stuttgart 1988.

Kreye 1984 Kreye, Walter A.; Ernsting, Volker: *Was'n in Bremen so sacht.* Bremen 1984.

Landesverfaten 2004 *Landesverfaten vun de Free Hansestadt Bremen.* Hrsg. von der Bremischen Bürgerschaft (= Schriften des Institutes für niederdeutsche Sprache, Bd.25), Bremen 2004.

Lauremberg 1652 Lauremberg Johann: *Niederdeutsche Scherzgedichte* (1652), Halle 1879.

Lemmermann Emil (K) Vorlesebücher mit dem Bären Emil, von Birgit Lemmermann: *Ut de Kinnertiet von Emil* (1995) *Ut'n Leven von Emil* (1997) *Wenn de Sünn mööd slapen geiht...* (2000) im Buchhandel oder: www.emil-online.de

Lemmermann 2007 (K) Lemmermann, Birgit: *Ebbe un Hehn*. Bremen 2007 (Jugendbuch) Als Hörbuch bei Schünemann 2008

Lesle 1986 Lesle, Ulf-Thomas: *Das niederdeutsche Theater*. Von »völkischer Not« zum Literaturtrost. Hamburg 1986.

Liederbuch 1994 *Liederbuch für Niedersachsen*, hrsg. vom Niedersächsischen Heimatbund e. V., bearb. von Rolf Wilhelm Brednich und Roland Wohlfart. Wolfenbüttel 1994.

Lindow 1984 (L) Lindow, Wolfgang (Hg.): *Plattdeutsches Wörterbuch*. Bremen/Leer 1984.

Lindow 1998 (L) Lindow, Wolfgang; Möhn, Dieter; Niebaum, Hermann; Stellmacher, Dieter; Taubken, Hans; Wirrer, Jan: *Niederdeutsche Grammatik* (= Schriften des Institutes für niederdeutsche Sprache, Bd. 20), Leer 1998.

Lyons 1992 Lyons, John: *Die Sprache*. 4. Auflage, München 1992

Mann 1900 Mann, Thomas: *Buddenbrooks. Verfall einer Familie*. (1900) Gütersloh 1950 (Lübecker Kaufmannsfamilie mit niederdeutschem Hintergrund)

Matissen 2001 Matissen, Johanna, Neukom, Lukas;: Bedrohte Sprachen. Universität Zürich, 2001. http://www.unipublic.unish.ch (7.3.2006)

Meiners 1997 (L) Meiners, Gerold: *Plattdüütsch in sess Weken*. Een Lees- und Lehrbook för Anfänger un Kunnige. Oldenburg 1997

Möller 1997 Möller, Frerk: *Plattdüütsch – een Spraak stellt sik vör.* Plattdeutsch – eine Sprache stellt sich vor. Ein zweisprachiges Ausstellungskonzept, entworfen vom Institut für niederdeutsche Sprache, Bremen. Leer 1997.

Möller 2006 Experteninterview mit Dr. Frerk Möller vom Institut für niederdeutsche Sprache, Bremen 4.5.2006

Much 1918/19 Much, Hans: *En nedderdüütschen Doodendanz*. Illustrationen: Willy von Beckerath..Hamburg 1919, 66 Seiten.

Müller 2002 Müller, Ina: *Platt is nich uncool*. Hamburg 2002

Näser 1998 Dr. Wolfgang Näser, Philipps-Universität Marburg. http://www.staff. uni-marburg.de/-naeser/modkunst.htm

Neubauwelt Gandl, Stefan: Neubau Welt. Berlin 2005.

Niebaum 1986 Niebaum, Hermann: Niederdeutsch in Geschichte und Gegenwart. In: *Niederdeutsch*. Fünf Vorträge zur Einführung. Leer 1986, S. 7–41.

Reichstein 2005 Gesine Reichstein in »Plattdüütsch Njus – Die Plattdeutsch-Nachrichten für die Nation«, Deutschlandradio Berlin, 7.2.2005.

Repgow 1230 Repgow, Eike von: *Sachsenspiegel* (in Mittelniederdeutsch). Quedlinburg ca. 1230.

Reuter o. J. Jahnke, Hermann; Schwarz, Albert (Hrsg.): *Fritz Reuters sämtliche Werke.* Ausg. in 15 Büchern. Berlin o. J., Bd. 12–15: Ut mine Stromtid, Tl. 1–3.

Rowling 2002 (K) Rowling Joanne K.: *Harry Potter und de Wunnersteen.* Übersetzt ins Plattdeutsche von Hartmut Cyriacks und Peter Nissen. Kiel 2002.

Sanders 1982 Sanders, Willy: *Sachsensprache, Hansesprache, Plattdeutsch.* Sprachgeschichtliche Grundzüge des Niederdeutschen. Göttingen 1982.

Sass 2002 (L) *der neue Sass.* Plattdeutsches Wörterbuch.Neubearbeitung von Heinrich Kahl und Heinrich Thies. 2. Aufl., Neumünster 2002.

Sassisch.net Auf der Subdomomain (s.u.) steht die Website von Clara Kramer-Freudenthal mit niederdeutschen Texten, Gedichten und Koch- und Back-Rezepten. www.sassisch.net/rhahn/kramer/ (25.6.2008).

Schober 1974 Schober, Otto (Hg.): *Funktionen der Sprache.* Stuttgart 1974.

Schuppenhauer 1986 Schuppenhauer, Claus (Hg.): *Niederdeutsch – Fünf Vorträge zur Einführung.* (= Schriften des Institutes für niederdeutsche Sprache, Bd. 12), Leer 1986.

Schuster 1991 (L) Schuster, Theodor (Hg.): *Plattdeutsches Schimpfwörterbuch für Ost-friesen und andere Niederdeutsche.* Leer 1991.

Schwippert 2005 (L) Schwippert, Rolf: *Fiete lehrt Plattdüütsch.* En Lehrbook för Anfänger, Lütte un anner Lüüd. Husum 2005

Seipel 2003 Seipel, Wilfried (Hg.): *Der Turmbau zu Babel.* Ursprung und Vielfalt von Sprache und Schrift. Katalog zur Ausstellung des Kunsthistorischen Museums Wien. Vier Bände im Schuber. Skira-Editore, Mailand 2003.

Sick 2005 Sick, Bastian: Wo lebt Gott eigentlich heute? In: Ders.: *Der Dativ ist dem Genitiv sein Tod.* Folge 2. Köln 2005

Sick 2006 Sick, Bastian, im Interview auf Deutschlandradio Kultur, 10.3.2006, www.dradio.de (10.3.2006).

spektrumdirekt 2004 www.wissenschaft-online.de/abo/ticker/721891 (15.6.2004).

Spiekermann 1983 Spiekermann, Gerd: *Mien halve Fro.* Göttingen 1983.

Steffen (K) Antje Steffen verlegt nieder-deutschen Vorlesebücher für Kleinkinder. Bisher erschienen:
No.1 *Regenleed* (Klaus Groth)
No.2 *Kannst du Riemels maken?*
No.3 *Lüttje Gries*
Antje-Steffen-Verlag, Hamburg
www.antje-steffen-verlag.de

Sufka 2004 Sufka, Christina: *Lengen nach Licht.* Burgdorf, Soltau, Heidelberg 2004.

Taz Bremen 2005 Zier, Jan: Wir können alles. Nur kein Plattdeutsch. taz Nord bremen, 21.7.2005, Seite 24.

Tryckare 1963 Tre Tryckare Cagner & Co: *Seefahrt.* Nautisches Lexikon in Bildern. Göteborg 1963.

Tucholsky 1950 Tucholsky, Kurt: *Schloss Gripsholm.* Reinbek 1950.

Türcke 2006 Türcke, Christoph: *Heimat, eine Rehabilitation.* Springe 2006.

Türcke 2006b Christoph Türcke im Interview auf Deutschlandradio Berlin, 13.4.2006.

UNESCO UNESCO Red Book on Endangered Languages. Zitiert nach: http://www.tooyoo.l.u-tokyo.ac.jp/Redbook/index.html (17.5.2006).

Walser 1976 Vortrag von Martin Walser im »Alemannenforum« des Südwestfunk-Landesstudio Freiburg, Mai 1976. In: Matthias Spranger (Hg.): Dialekt – Wiederentdeckung des Selbstverständlichen. Eine Alemannisch-Schwäbische Bestandsaufnahme. Freiburg, 1977, zitiert nach: http://www.daf.uni-mainz.de/landeskunde/2002_1/Dialekt/ue3.htm (24.2.2006).

Welt-online 2008 *»Schickes Platt. Renaissance des Niederdeutschen: Warum regionale Sprachen im Zeitalter der Globalisierung im Trend liegen«,* von Hendrik Werner, www.welt.de, 9.4.2008

wider die einfalt 2006 Baschera, Marco; Baur, Ruedi; Sturm, Marie-Luise: *Wider die Einfalt — Konfrontation der Sprachen, Bilder und Kulturen.* Symposion. Zürich 2006.

Wikipedia 2006 http://de.wikipedia.org (9.6.2006).

Wikipedia Platt (L) Online-Enzyklopädie auf Niederdeutsch; http://nds.wikipedia.org

Wildgen 2004 Wildgen, Wolfgang: Sprachwandel und Sprachevolution. Vorlesung im Wintersemester 2004/05, Universität Bremen, Fachbereich Sprach- und Literaturwissenschaft, zitiert nach: www.fb10.uni-bremen.de (13.5.2006)

Wittgenstein 1922 Wittgenstein, Ludwig: *Tractatus logico-philosophicus.* Logisch-philosophische Abhandlung (1922). Frankfurt a.M. 1969.

Wenn nicht anders gekennzeichnet, stammen die Bilder und Grafiken aus
dem Archiv des Verfassers oder wurden von ihm erstellt.

Wat mutt,
dat mutt.

Die Norddeutschen gelten gemeinhin als verschlossen, distanziert und einsilbig. Wenn man jedoch einen engagierten »Plattsnacker« auf seine Sprache anspricht, öffnen sich Türen. So fand ich mich bei meiner Recherche in mancher »Stube« wieder, in der mir Kaffee oder Tee angeboten wurde, während wir uns unterhielten. *»Kennt Se egens al Fru/Herrn Sowieso?«* Auf diese Weise bekam ich einen Einblick in das Netzwerk der Nutzer und aktiven Fürsprecher der niederdeutsche Sprache und deren Aktivitäten, wofür ich meinen Gesprächspartnern sehr danke.   Die Idee zu diesem Buch erarbeitete ich im Rahmen meines Diplomprojektes an der Hochschule für Künste Bremen im Studiengang »Integriertes Design«. Bei der Entwicklung des Konzeptes und der Gestaltung war mir die Unterstützung durch Prof. Bernd Bexte (Grafik-Designer) und Prof. Dr. Elke Bippus (Kunstwissenschaftlerin) eine große Hilfe. In Dr. Frerk Möller vom Institut für niederdeutsche Sprache fand ich einen begeisterten Kritiker und Förderer, und die Institutsbibliothek war mir eine Fundgrube. Ich danke der Gesellschaft für bedrohte Sprachen an der Universität Köln dafür, dass sie dieses Projekt mit einem Stipendium unterstützte.   Ohne den regen Gedankenaustausch mit meinen Freunden jedoch, und ihre Unterstützung, wäre dieses Buch nicht zustande gekommen. Dafür geht – stellvertretend für alle – mein Dank an Claudia und Matthias aus Schwaben, David aus Bielefeld und Philipp aus Berlin.   Nicht zu vergessen, danke ich dem Schünemann-Verlag für das Vertrauen in das Projekt und den beharrlichen Einsatz für das Buch.   Besonders danke ich meiner Frau Sylvia, die mir mit ihrer begleitenden Kritik und Aufmunterung die Kraft gegeben hat, das Projekt zu Ende zu bringen. Im Zuge der Arbeit verfielen wir manchmal in das uns verbindende Platt der Elbmarschen. Dat hett bannig Spaß maakt.   *Stefan Bargstedt*

Nu man to.